跨文化交际
与英语文化教学创新研究

胡凤梅　付龙云　杨继良◎著

吉林出版集团股份有限公司
全国百佳图书出版单位

图书在版编目（CIP）数据

跨文化交际与英语文化教学创新研究 / 胡凤梅, 付龙云, 杨继良著. -- 长春 : 吉林出版集团股份有限公司, 2022.10

ISBN 978-7-5731-2578-1

Ⅰ.①跨… Ⅱ.①胡… ②付… ③杨… Ⅲ.①文化交流—研究②英语—教学研究—高等学校 Ⅳ.①G115 ②H319.3

中国国家版本馆CIP数据核字(2023)第002610号

跨文化交际与英语文化教学创新研究
KUA WENHUA JIAOJI YU YINGYU WENHUA JIAOXUE CHUANGXIN YANJIU

著　　者	胡凤梅　付龙云　杨继良
出 版 人	吴　强
责任编辑	朱子玉
助理编辑	张晓鹭
装帧设计	博健文化
开　　本	787 mm × 1092 mm　1/16
印　　张	12.25
字　　数	200千字
版　　次	2022年10月第1版
印　　次	2023年8月第1次印刷
出　　版	吉林出版集团股份有限公司
发　　行	吉林音像出版社有限责任公司
	（吉林省长春市南关区福祉大路5788号）
电　　话	0431-81629667
印　　刷	吉林省信诚印刷有限公司

ISBN 978-7-5731-2578-1　　　定　价　76.00元

如发现印装质量问题，影响阅读，请与出版社联系调换。

◎ 前 言

随着人类进入信息化时代，全球化进程也在不断加快，交通工具、通信技术等也在不断发展，这使得人们之间的交往日益紧密，尤其是不同文化背景下的人们的交往。因此，在当今时代，跨文化交际已经成为人们不容回避的事实。对国际化人才进行衡量的标志就是其是否具备跨文化交际能力。这就要求在英语教学中，应该注重跨文化教育，将跨文化交际的内容融入英语教学中，这样才能真正地提升学生的跨文化交际能力，使他们成为国际化的英语人才。在经济全球化和教育国际化的潮流下，文化以前所未有的速度更新着。尤其是在当今信息流通不断加快的时代，各种文化的发展面临着不同的机遇和挑战，新的文化层出不穷。进入 21 世纪以来，中国与世界各国的交流与合作日益频繁，中华文化与世界各国文化不断碰撞与融合，文化的多元化日益显著，跨文化交际也日益频繁。

众所周知，语言是文化的载体，文化是语言的依托，语言与文化之间有着密切的联系。而跨文化交际是通过各种语言来实现的。可见，跨文化交际与语言紧密相连。同时，在跨文化交际中，各种不同的文化相互作用、相互融合，影响着言语交际和非言语交际。

本书以文化教学理论为主线，在介绍了跨文化交际、跨文化交际与英语教学融合的基础上，重点研究了英语文化教学交际能力的创新、模式的创新、方法的创新等内容。另外，还探讨了英语文化教学评估创新方面的内容。本书属于跨文化交际学与英语教学两方面综合研究的著作。全书以跨文化交际为研究背景，分析英语文化教学的创新，对跨文化交际背景下英语教学改革与创新等方面的研究者和从业人员来说具有学习与参考价值。

由于撰写的水平和能力有限，书中难免存在疏漏之处，敬请读者批评指正。

◎ 目 录

第一章　跨文化交际概论 …………………………………………………… 01
　　第一节　文化概述 ………………………………………………… 01
　　第二节　文化与语言 ……………………………………………… 05
　　第三节　文化与交际 ……………………………………………… 10
　　第四节　跨文化交际 ……………………………………………… 14

第二章　英语文化教学基本理论 …………………………………………… 18
　　第一节　英语文化教学的内涵与现状 …………………………… 18
　　第二节　英语文化教学的内容与目标 …………………………… 26
　　第三节　英语文化教学的意义与策略 …………………………… 33

第三章　跨文化交际的影响因素 …………………………………………… 39
　　第一节　文化因素 ………………………………………………… 39
　　第二节　心理因素 ………………………………………………… 43
　　第三节　社会因素 ………………………………………………… 47

第四章　跨文化交际与英语教学的融合 …………………………………… 55
　　第一节　跨文化交际与英语教学概述 …………………………… 55
　　第二节　跨文化交际能力与英语教学 …………………………… 61
　　第三节　跨文化交际教学中教师能力的提高 …………………… 64

第五章　英语文化教学交际能力创新 ……………………………………… 68
　　第一节　跨文化交际能力培养的重要性 ………………………… 68
　　第二节　英语文化学习的重要性 ………………………………… 70
　　第三节　跨文化能力培养策略 …………………………………… 75

第六章　英语文化教学模式创新 …… 86
 第一节　英语教学模式的转变 …… 86
 第二节　探究式教学模式创新 …… 89
 第三节　体验式教学模式创新 …… 99
 第四节　多模态教学模式创新 …… 107

第七章　英语文化教学方法创新 …… 117
 第一节　英语文化教学方法概述 …… 117
 第二节　跨文化交际传统教学法 …… 123
 第三节　跨文化交际教学法的创新 …… 127

第八章　英语文化教学评估创新 …… 132
 第一节　英语教学评估的概述 …… 132
 第二节　英语教学评估的原则 …… 145
 第三节　英语教学评估的策略 …… 152

第九章　跨文化交际与英语教学的发展 …… 165
 第一节　网络多媒体教学 …… 165
 第二节　实施个性化教学 …… 173
 第三节　鼓励自主式学习 …… 179

参考文献 …… 186

第一章 跨文化交际概论

第一节 文化概述

一、文化的定义

（一）文化

文化是由人们为了使自己的活动方式被社会的其他成员所接受、所必须知晓和相信的一切组成。作为人们不得不学习的一种有别于生物遗传的东西，文化必须由学习的终端产品知识组成。文化是通过某个民族的活动而表现出来的一种思维和行动方式，一种使这个民族不同于其他任何民族的方式。这两个定义都强调了文化的民族性，前者突出了民族内部的规范，后者突出了民族之间的差异。概括地讲，文化就是人们所觉、所思、所言、所为的总和。在不同的生态环境下，不同的民族创造了自己特有的文化，也被自己的文化所塑造。

一般认为，"文化"作为一个专门概念，可以有狭义和广义两种理解。狭义的理解着眼于精神方面，指的是社会的意识形态、风俗习惯、用语规范以及与之相适应的社会制度和社会组织。但是，精神或意识并不可能脱离人类物质生产的社会实践凭空产生或独立存在，而是在人类改造自然的社会实践中产生出来的。在这一社会实践中，人类既创造了物质财富，改善了自身赖以生存的客观物质条件；也创造了精神财富，形成了人类独有的意识形态、思维能力和生活方式，使自身摆脱了"自然人"的状态并获得了不断进步。在使人类生活超脱动物性并区别于动物生存的一切因素中，精神方面和物质方面始终相互交融为一体，互为因果、密不可分。因此，从广义方面理解，"文化"包括精神和物质两个方面，即指人类在历史发展中所创造的物质财富和精神财富的总和。不过在通常情况下，提到"文化"，人们首先想到的是它的狭义方面，即文化的精神形态方面。

（二）文化定义

世界上大多数社会中都可能存在着若干群体或社团，这些群体或社团对地域、历史、生活方式以及价值观等方面的共享，使其成员形成、发展并强化了自己独特的文化及与之相适应的交际文化。当然，形成自己的文化，任何一个群体必须首先界定自己群体的边界。根据众多学者的观点，群体概念的形成可能是以民族、种族、地域、职业、性别、政治、社团、世代、组织乃至具体的社会活动或生活形态的共享为基础的。一旦一个群体形成了，相应的文化也就应运而生了。诸如中国文化和西方文化、东方文化和西方文化、强环境文化和弱环境文化、群体主义取向和个人主义取向等，都属于以国家、民族或更大范围的地域为边界所定义的文化。在进行跨文化交际研究中，学者们往往倾向于把某一文化群体的每一个成员都当作该文化定式的代表，或当作整体文化形象。这种整体式的文化取向，通常被叫作文化定式。

当然，在跨文化交际过程中，文化会因具体情景、场合的不同而表现出种种差异。在社会化的过程中，由于环境、情景等时空的不断变化，人们通过交际确认、建立、维持和强化各种文化身份，习得了不同的交际文化。同时，人们掌握了成套的在各种不同社会情景中与人交往的规则，在不同时间、不同场合、不同情景，与不同群体的交往中，习得了不同的交际规范。也就是说，在社会化的过程中，人们习得了各种不同的群体文化、信仰文化、地域文化，形成了不同类型的社会关系和角色关系。

二、文化的特征

（一）交际的符号性

文化不是与生俱来的，而是通过符号被人们习得和传授的知识。任何文化都表现为一种象征符号的系统，也表现为人在创造和使用这些符号过程中的思维和行为方式。人是一种"符号的动物"，符号化的思维和符号化的行为是人类生活中最富代表性的特征，人类创造文化的过程，就是不断发明和运用符号的过程。人类创造了文化世界，其实质是为自己创造了一个符号的宇宙。在文化创造中，人类不断把对世界的认识、对事物和现象的意义及价值的理解转化为一定的具体可感的形式或行为方式，从而使这些特定的形式或行为方式产生一定的象征意义，构成文化符号，成为人们生活中必须遵循的风俗或法则。于是人们就生活在这些风俗或法则的规范之中，生活在自己创造的充满文化符号的世界之中，一方面承受着文化的制约，另一方面又通过对文化制约的承受来表现其人生的意义和价值。

（二）民族的选择性

文化不可能凭空产生和存在，它植根于人类社会，而人类社会总是以相对集中聚居并有共同生活历史的民族为区分单位的，因此一定的文化总是在一定民族的机体上生长起来的。民族群体是民族文化的土壤和载体，文化的疆界通常是和民族的疆界相一致的。民族特征除了体貌特征之外就是文化特征，所谓民族性主要也是指文化上的特性。而当一个人口众多的民族分布在广阔的地域上时，保持文化在各个层次的细节上完全一致势必不可能，于是民族文化在地域性渐变的基础上往往形成一些互有差异的亚文化，形成大传统下各具特色的小传统。小传统具有区域性，是大传统的组成部分，同时又受大传统的支配和统摄。于是在民族文化的大范围内常有多种区域性文化同时并存。

因此文化具有选择性。人类可供选择的行为规则是无限的，然而每一特定文化所选择的规则是有限的。每个文化只选择对自己文化有意义的规则，因此每一文化成员的行为所遵循的规则是有限的。可以说文化的功能在于界定不同的群体。文化的这一特点，对跨文化交际来说十分重要。文化的这种集体无意识的不可避免的产物是群体或民族中心主义，从群体或民族中心主义的概念本身，可以看出它与交际的关系。群体或民族中心主义是人类在交际过程中的普遍现象，人们会无意识地以自己的文化作为解释和评价别人行为的标准，习惯把自己的文化当作观察别人行为的窗口，其结果是自己的行为会被无意识地认为是正确的，或是有道理的。显然，群体或民族中心主义会导致交际失误，达到一定程度时会带来文化冲突。

（三）观念的整合性

文化是群体行为规则的集合，可以被理想化地推定可能出现在某一社会或群体的所有成员的行为之中。文化是一个由多方面要素综合而成的复杂整体，是一定区域内的一定文化群体（通常表现为民族）为满足生存需要而创造的一整套生活、思想、行为的模式。在这个整体模式中，各组成要素互相补充、互相融合、互相渗透，共同发挥塑造民族特征和民族精神的功能。

同时，整个民族文化又有一个或少数几个由价值选择结果为出发点的"文化内核"。这样的文化内核就像遗传因子一样渗入该民族的所有文化细胞之中，发挥着整合文化的潜在作用，从而使整个文化产生一种保守性、内聚性、排异性和对外来文化要素的同化力。文化的整合性是一种文化得以自我完善和形成独特面貌的动力。它可以保证文化在随时间变迁的同时，在一定限度内维持稳定的秩序。由于不同文化有着不同的"内核"，必然导致在价值观念、认知模式、生活形态上的差异，这种差异在交际方面必然会形成文化的碰撞，于是交际双方如不能理解对方的文化，就会产生与交际预期的反差，结果当然是不能令人满意的。

（四）动态的可变性

文化的稳定性也是相对的，并不能保证文化在历史的长河中恒久不变。一方面，既然文化是一种为了满足人类生存需要而采取的手段，那么当生存条件有了变化，作为观念形态的文化必然要发生变化，这是文化可变性的内在原因。在人类文化史中，重大的发明（如文字、造纸术、印刷术、蒸汽机、电器、电子计算机）、重大的发现（如地理新大陆、天体运行规律、能量守恒定律）都曾给文化的变迁以巨大的推动力。这是因为新的发明创造和科学技术的进步使人们的思想行为、生活方式乃至交际模式都处在不断变化之中。另一方面，从一种文化的外部而言，文化传播、文化碰撞可能造成这种文化内部要素和结构的"量"的变化，而这种"量"的变化的不断积累也可能促使这种文化发生"质"的变化，导致进化、退化、没落、重组或转移等结果。

表层文化结构（物质形态）的变化，在速度和质量方面都远远超过深层文化结构（精神形态）的变化。比如现代生活在衣、食、住、行等方面的变化要比信仰、价值观、世界观等方面的变化明显得多。自中国实行改革开放以来，人们的生活方式、居住条件、饮食结构、衣着习惯等"硬件"都发生了巨大的变化，这是举世瞩目的。但是在"软件"方面，质的变化却并不明显。

第二节　文化与语言

一、语言是交际工具

（一）交际媒介与语言符号

1. 交际媒介与符号

为了生存、发展，人们需要进行各种各样的交换。比如商品交易就是一种典型的交换。最初，人们的商品交易是直接以物换物。不过，以物换物虽然可行，但极不方便，不利于远距离、大规模的商品交易，于是人们创造了商品交易的媒介物——货币。实际上货币是一种物化的有价值的"符号"，可以作为物与物交换的中介，于是一手交钱、一手交物，方便快捷，使人类的商品交易得以顺利进行。语言交际是人类社会必需的另一种交换活动，交换的是信息、思想、情感。语言交际也需要一种媒介，需要一种能代表确切含义的"符号"作为交际的中介。

符号由两个要素构成：一个是形式，必须是人们可感知的途径，如听觉、视觉、嗅觉、触觉、味觉等；另一个是意义，即这个形式所代表的事物或现象。形式和意义一结合，就成了"符号"。必须把符号同另一种现象区别开来。在山里赶路，看到远处炊烟袅袅升起，就可以知道那里有可以歇脚或投宿的人家；农夫察看天气，看到乌云密布、电闪雷鸣，意识到将有暴雨降临；刑侦人员破案，要收集指纹、脚印，记录和拍摄现场。远处的炊烟，乌云和电闪雷鸣，罪犯的指纹、脚印，这些也都代表某种确定的事物或现象，好像也是"符号"。其实，这些现象同讲的"符号"是不一样的，它们可以称为"征候"。"征候"是事物本身的特征，它同某种事物或现象有着天然的、必然的联系，可以让人们通过它来推知某种事物或现象。讲的"符号"，它的形式和意义却没有那种天然的、必然的联系，而是人为的，用什么样的形式代表什么样的事物或现象是由社会约定俗成的。

声音作为语言符号有三大优点：

第一，使用方便。声音是每个人都能发出来的，本身没有任何重量，便于携带，人走到哪里，它就能跟到哪里，张嘴就能说，不需要任何专门的设备。

第二，容量最大。几十个语音单位（音位）通过排列组合就可以构成几千个音节，组成数十万个词语，把现实世界中的所有事物或现象都表达出来。

第三，效果最佳。说话只是动"嘴皮子"，可以大声疾呼，也可以慢声细语。古今中外，喜怒哀乐，不管多么复杂的道理、多么动人的感情，都可以通过语言表达出来。由于用声音作为语言符号的材料有着种种优越性，因而人类的祖先在长期发展过程中选用它作为交际工具的物质形式，有力地推动了人类社会的发展。

2. 语言符号的特征

符号的一个基本特点是形式和意义的结合是任意的，两者之间没有必然的联系。语言符号的形式和意义的结合取决于社会的约定俗成，而没有什么必然的、本质的联系。西方学术界争论的时间相当长，后来也基本认同了这个结论。正和负也可以反过来，北和南也一样。如果把这颠倒过来，并且把其余的名称相应地加以改变，那么一切仍然是正确的。这样，就可以称"西"为"东"，称"东"为"西"。太阳从西边出来，行星从东向西旋转等，这只是名称上的变更而已。

约定俗成指的是某种社会群体的规约性。形式和意义的结合具有任意性，就是这种规约性的体现。它具有两重性：

第一，形式和意义的结合从本质上来说是任意的，用什么样的名称来指称什么样的事物没有必然的联系；

第二，特定的名称和特定的意义一旦结合在一起，人们往往能发现它们之间结合的理由，这就叫作"理据的可探究性"。这两者是不矛盾的，好比生了个孩子，叫什么名字并没有特别的规定，只要能与别的孩子相区别便于指称就行；但实际上父母往往会慎重地考虑给孩子起一个满意的名字，或寄托某种希望，或蕴含某种特定含义，或与某个有意义的事件发生联系，这就是起名的理由。

语言符号的能指和所指的结合是任意的，是约定俗成的。但同时对任意性的概念加了一个重要的注解，即符号可能是相对地可以论证的。应该明确区分绝对任意性和相对任意性。一个没有动因，或者说不可论证的符号是绝对任意的。限制任意性的可论证性包含在要素之间相互组合的句段关系及要素与要素聚合成类的联想关系里。

（二）交际工具的种类

说语言是人类的交际工具，但不等于说人类的交际工具只有语言一种。除了语言之外，人类在长期的社会实践中还创造了很多交际工具，主要有以下三大类：

1. 文字

文字是记录语言的书写符号体系，是仅次于有声语言的交际工具。有声语言给人类交际带来极大的方便、快捷，但在时间和空间上受到限制。因为使用有声语言交际，交际双方必须同时处在听觉范围之内，听不到对方说话或不同时在交际现场，交际就无法进行。文字的创制使语言由凭听觉感知的口头形式转化成为凭视觉感知的书面形式，从而克服了语言在交际中所受到的时间和空间限制，大大增强了语言的交际功能。但是同语言相比，文字属于辅助性的，处于从属地位。

第一，文字是记录语言的符号系统，离开了语言，文字就没有了依托。一个民族可以没有文字，但不能没有语言。今天没有文字的语言比有文字的语言多得多。

第二，从人类历史的发展来看，文字的产生才数千年。因此文字是在语言基础上产生的一种最重要的辅助性交际工具。从跨文化语言交际来看，书面形式的交际也是仅次于口头交际的重要形式，而汉字的独特性不仅表现在习得、使用的难度上，更表现为它承载了丰富的文化信息，是汉文化的结晶。因此使用汉字进行跨文化的书面形式交际，不但具有重要意义，而且是跨文化语言交际研究的课题。

2. 盲文和手语

盲文和手语是同有声语言性质一致、功能相同的交际工具，只不过它们是属于特殊群体使用的交际工具。失明的人能习得语言，也能正常使用有声语言进行交际，但他们无法通过视觉途径阅读文字。在接受教育、感知信息时需要一种非视觉形式的符号系统来弥补他们感官上的缺失。盲文就是这样一种交际工具。盲人通过敏锐的触觉触摸盲文符号来进行阅读进而学习各类文化知识，扩大知识面，开阔自身的眼界。手语的使用对象是聋哑人，他们丧失了听觉，无法正常说话，只能利用手语来交际。手语是有规则的，不同的手势也可像有声语言那样分析出"语素""词"等单位，而这些单位可以按照一定的规则进行组合搭配,因此手语是一种视觉符号系统。不同民族都有手语,而且表现出相当多的共同特征,这表明了人类认知的共性;但也表现出相当多的差别,这是文化差异造成的。盲文和手语虽然不能同语言相提并论,但它们有效地解决了特殊群体的交际需要,因此同样具有重要的社会意义。

3. 旗语、灯语和号语

这些符号系统只在有限的范围内使用,因而它们能传递的信息也是有限的。旗语主要用于航海领域,利用两面双色旗通过人的姿势、动作表达一定的意思,大多是关于航海方面的专用术语以及致敬、回应、警告等单一的意思。灯语也主要用于航海领域,是夜间使用的通信工具,利用灯光闪现时间的长短及其组合表示一定的意思,与旗语相当。号语主要用于军事领域,利用号声的长短及其组合传递信息,战场上的进退、军营里的作息都用号声传达。由于这类符号系统都只在特定的范围内使用,而且具有极大的实用效能,因此它们的发展趋势是实现国际标准化,以便更好地为全人类发挥作用。

二、语言是思维工具

(一)思维依托于语言

语言是思想交流的工具,是人们头脑中内部状态的外部表现。句子是表达一个完整思想的一系列词。人们的思绪千变万化,自己和别人都能从中获得好处和乐趣。但是思维皆源于心胸,埋藏着无法让别人看到,而且无法显露出来。没有思想交流便不会有社会带来的舒适和优越,所以人们有必要找些外表能感知的符号,以便让别人也知道构成自己思想的意念。这样就能理解,人们为什么要用词来作为意念的符号,词用于这一目的是再自然不过的了。

然而,这里有一个重要事实却被忽略了。太熟悉、太平常的事往往最容易被疏忽,大家天天在说话,人人都在使用语言表达自己的想法,谁也不会去想其中的机制,人们只关注人说了什么和怎么说的,不太在意人想了什么和怎么想的。其实,说什么或怎么说固然重要,但更重要的是人想什么和怎么想。因为说什么和怎么说只是思考的结果,想什么和怎么想才是思考的过程。这里涉及一个重要命题,就是思维必须依赖于语言。

思维和思想不是一回事，思维是人们认识现实世界的过程；而思想是人们对现实世界认识的结果。用什么方法想问题、想得多想得少、想得到想不到，这种动脑筋去想的活动就是思维；而用不同的方法去想因而得到了不同的认识，想得多或想得少、想得到或想不到也都可能得到不同的认识，这些动脑筋想出来的结果就是思想。从这个意义上说，思维和思想并不是一回事。但思维和思想又有联系：因为不管怎么去想，总会想出来一些结果（没有结果也是一种结果）；反过来，不管是什么样的结果，总是经过想的过程得出来的。从这个意义上说，思维和思想事实上又分不开。所以广义的思维，既包括不同程度或不同阶段想的过程，也包括不同程度或不同阶段想的结果。

由于思维依托于语言，特定的语言形式还会对特定民族的思维产生反作用。把语言、思维、文化联系起来考察，得出了许多精辟的见解。

（二）语言取决于思维

语言是人创造的，是特定民族精神创造活动的结果。这种精神创造活动就是思维，表现为人对外在物质世界的感知和认识。不同的民族有不同的思维方式，人们在从事改造物质世界的实践活动（生产活动和社会文化活动）时的体验、感受和经验，莫不通过特定的思维方式反映在语言中。可以说，语言就是人类所建立的、通过特定思维方式所感知和认识的关于外在物质世界的镜像。按照学者们的说法，客观物质世界（存在）在人们面前呈现出由思维决定的语言样本，语言本质上是被领悟的存在。

从语言产生的过程来看，是人类的精神创造活动导致了语言的产生。人类起源的历史就是人类创造性劳动形成的历史。创造性的劳动是人与动物区别的根本点，而语言正是在这一创造性劳动过程中产生的。原始人的群体劳动使语言的使用成为需要。改造自然的劳动使原始人对自然获得了新的观念，使人类的思维得以发生和发展，使语言构造所需要的意义单位得以形成。为了适应劳动的需要，直立行走的进化改造了人的发音器官，使人们能发出语言构造所需要的众多分音节的语音形式。当某些特定的音节与某些特定的意义在使用中分别成为固定的单位，人们就创造出了第一批简单的词语。语言起源过程同类人猿进化过程是一致的。人类起源过程所创造的文化通常称原始文化，这种原始文化是原始人类思维发展的结果，没有原始文化的创造就不可能有原始的语言。

从现实语言的概念体系构成来看,也可以明显地看到人们对外在物质世界感知和认识的"痕迹"。唯物主义认识论的一条基本原理是"存在决定意识",那么通过人们的感知和认识,客观的"存在"应该与语言中反映出来的"存在"是一致的。但事实并非如此,因为语言中概念体系的构成取决于思维,也就是取决于感知和认识世界的能力和方式。

既然语言取决于思维,而特定的思维方式又形成了特定的文化,那么不同民族的文化差异导致语言差异就是顺理成章的了。

第三节 文化与交际

一、交际的本质属性

交际即文化,文化即交际,两者是相通的。没有交际就难以形成文化,而文化就是在交际中得以存在和发展的。符号学家把两者的关系概括为文化是冻结了的交际,而交际是流动着的文化,这是非常精辟的。事实表明,只有同一文化的人们在行为规范方面具有共性,或交际双方共享某一文化规范时,才能进行有效的交际。跨文化交际是不同主流文化的人们之间的交际,当然要求双方互相理解或遵循对方的文化,只有这样,才能保证交际达到预期的目标。关于交际的本质属性,可以从以下三个方面来理解:

(一)有意识行为和无意识行为

在交际过程中,任何性质的符号都可用来交际,除了语言符号,更多的是非语言符号,包括各类行为。这是因为人们的行为有些是有意识的,而有些是无意识的。在社会化的过程中,人们的很多行为是无意识习得的,譬如站立、行走、身姿、手势乃至言语行为等。很多其他行为也同样是不知不觉学会的,并且可能在不知不觉中发生,尤其是非言语行为,如脸红、微笑、点头、皱眉头、伸舌头、眨眼睛等都会在无意识中自然流露。值得注意的是,这些行为一旦被观察或注意到时,客观上就传递了信息,交际也就发生了。研究表明,在正常交际中,人们惯常的交际行为是无意识的,或意识性很弱;但在陌生的环境中,人们的交际行为有时会是有意识的,或自觉的。这意味着在与文化背景相似的人交际和与文化背景不同的人交际时，交际行为是有差异的。前者往往是无意识的，后者往往是有意识的，至少两者之间在意识程度上有所区别。这也意味着在跨文化交际中产生失误或误解是不可避免的，因为不同文化背景的人的无意识行为可能与对方的文化规范相悖，而一旦这样的无意识行为被对方观察到，就会被赋予消极意义，从而会产生特定的反应。这一点在跨文化交际中应引起充分的注意。

（二）编码过程和解码过程

交际是一个编码和解码过程，信息交流是一个编码和解码的心理活动。具体地说，编码是把思想、感情、意识等编成语码（如言语、非言语行为以及书面语等符号）的过程；而解码则是对从外界接收的符号或信息赋予意义或进行解释的过程。有效的沟通，只有在发出信息的人和接收信息的人共享同一或相近的语码系统时才能实现，也就是说交际双方要使用同一种语言说话。而且仅仅共享同一语言符号系统还不够，交际双方对其他相关因素的理解和把握也许更重要。交际行为是文化和社会行为，它必然发生在社会之中，并受社会众多因素的影响和制约，主要包括三个层面：

第一，文化背景，涉及价值观念、文化取向、社会结构、心理因素、环境因素等。

第二，交际情景，涉及交际双方的社会地位、角色关系，以及交际发生的场合、时间及谈论的话题等。

第三，代码系统，主要指对接收的信息赋予意义的过程中产生的"文化过滤"机制。

这些因素密切相关、相互作用、相互依存。交际过程中意义的获得是一个十分复杂的过程，由于众多变量的存在，编码人传递的信息和解码人所获取的意义之间永远是有距离的。而在跨文化交际中，因不同社会在上述因素方面存在的差异更大，这种距离往往更大、更明显。

（三）语法规则和语用规则

交际活动中交际双方必须遵循某些规则，除了固定的词法、句法等语言规则之外，还有具体的文化规范及其制约下的语用规则。同一文化的人们共享这些规则，因此他们之间的交际并不困难；但不同文化的人们相互交际时，因为在这些规则方面存在差异，交际就会产生障碍。但从另一角度看，因为这些规则的存在，也使跨文化交际成为可能。只要人们掌握了相关的文化规则，有效交际是可以实现的。在人们的交际过程中，交际者往往会对对方交际行为的结果进行预测。因为交际是在一定的文化背景和交际情景中进行的，而且交际行为有其固有的语言规则以及语用规则，因此人们的交际过程是一个交际双方对彼此的交际行为的结果进行预测的过程。这种预测过程可能是自觉的，也可能是无意识的，预测的准确程度取决于人们对交际环境因素及其与交际行为相互作用的关系的理解程度，取决于人们对文化和语用规则掌握的熟练程度和运用的灵活程度。这说明对交际的有关因素知道得越多，预测能力就越强，交际就越有成效，这也说明对交际符号系统的理解程度取决于对文化符号系统的理解程度。在跨文化交际时，可能会出现这样或那样的问题或障碍，这些问题或障碍可能与交际渠道无关，与语法无关，也不是语言系统的差异所致，而很可能就是文化、社会、环境、心理或交际情景因素造成的。因为交际双方的文化规范存在差异，所以对文化背景或交际情景因素缺乏共识。

二、交际的构成要素

（一）传播者

传播者指信息传播者，即具有交际需要和愿望的具体的人。"需要"是指希望别人对自己作为个体而存在的认可，或改变别人的态度和行为的社会需要；"愿望"指试图与别人分享自己内心世界的欲望。从跨文化语言交际来看，传播者是产生或激发了与不同文化背景的人交流的需要和愿望的交际主体。

（二）编码

编码指传播者依据社会、文化和交往规则，运用某种语言的词法、句法等规则对语法进行选择、组合和创造信息的过程。内心所思是不能直接与别人分享的，人们必须依赖符号来表达，因此编码是一种心理活动。从跨文化语言交际来看，虽然传播者是运用某种特定的语言符号在进行编码，但必定有某种特定的社会、文化和交往规则的支撑。

（三）信息

信息指传播者编码的结果。信息是交际个体在某一特定时空的心态的具体写照，因此就面对面的交谈而言，除了语法之外，还伴随着很多交际个体的非语言的信息，以及交际环境信息。从跨文化语言交际来看，信息就是一个由语法、非语言信息及交际环境信息整合而成的综合体，其中渗透了某种特定的社会、文化密码。

（四）通道

通道是把信息源和信息接收者连接起来的物理手段或物质媒介。信息传递的手段或媒介是多种多样的，主要包括面对面交谈、电话交谈及短信、邮件往来。从跨文化语言交际来看，面对面交谈是最常见、最主要的形式，这是通过听觉和视觉途径传递信息的最直接、最有效的方式，也是最值得探讨的方式。

（五）接收者

接收者指信息接收者。信息接收者与信息传播者之间的连接可能是有意识的行为，接收者觉察到信息源的行为，做出反应，双方就建立了联系；双方的联系也可能是无意间建立起来的，信息接收者也可能由于偶然的机遇而截获或感知到进入渠道的信息源行为。无论哪种情况，信息总是以刺激人们感官的形式出现，通常以听觉或视觉的形式刺激信息接收者，激起信息接收者的反应行为。从跨文化语言交际来看，信息接收者一定是属于不同于信息传播者的另一种文化圈的交际主体。

（六）解码

解码指信息接收者将外界刺激的信息转化为意义的过程。解码是一种对信息加工的心理活动，通过对信息的理解或翻译，信息源行为就被赋予了意义。信息接收者在解码过程中，除了理解语言符号，还要解释附加的文化信息，从而准确解码。从跨文化语言交际来看，由于交际双方属于不同的文化圈，因此在解码过程中必然会进行"文化过滤"，即通过自身的文化代码系统来解释所接收的信息。若对对方的文化符号不熟悉或不理解，产生误解甚至冲突就在所难免。

（七）反馈

反馈指信息接收者对所接收的信息采取的相应行为的选择。接收者可能对信息源行为听而不闻，视而不见，不采取任何行动；也可能立即做出反应而采取相应的行动。反馈行为表现为对对方陈述的评价，对对方疑问的应答，对对方要求的表态等。如果信息接收者采取的行为符合或接近信息传播者的预期,那么交际是成功的;反之是无效的。从跨文化语言交际来看,信息接收者的反馈与信息传播者的预期是否接近,取决于双方对彼此社会、文化和交往规则的熟悉程度和语用策略的运用能力。

第四节 跨文化交际

一、跨文化交际的学科背景

跨文化交际又是一门综合性学科,它是当代社会科学学科综合研究的结果,学科背景主要涉及文化语言学、社会语言学、言语交际学。其中文化语言学凸显文化的侧面,社会语言学凸显社会的侧面,而言语交际学凸显交际的侧面,这三个不同的侧面都围绕语言符号与非语言符号的语用这个核心。正是在这个基础上建立起了这么一门综合性的语言学科。

(一)文化语言学

文化语言学是从文化学角度对语言进行研究的。它把语言看作民族文化的模式和构成民族文化的符号系统,旨在揭示隐藏在语言形式、语言结构、语言运用和语言变化背后的文化内涵。语言与文化的关系就是文化语言学研究始终关注的焦点,也是文化语言学的研究对象。

文化可以分为历史文化和现时文化。历史文化是人们往昔的文化活动的轨迹,现时文化是人们今日所从事文化活动的状态。然而文化是属于意识形态范畴的东西,人们的文化活动又是一个代代相传、连续不断的过程,历史文化和现时文化之间不可能判若鸿沟。历史文化是现时文化的渊源,现时文化又是全部历史文化在当今时代的投影。任何民族的文化发展和变异都不仅不可能摆脱历史文化的影响,而且还必定要以对历史文化遗产的批判继承为根据和前提。在古今各个文化阶段中连绵不断、一脉相承的成分,就构成了这一民族的文化传统。

跨文化交际研究中关于民族文化的阐述,关于文化与语言的关系的阐述,很多都来自文化语言学的研究成果。不过文化语言学的研究通常侧重某种特定民族文化和某种特定语言之间的关系，而不关注跨文化、跨语言的研究，这个领域正是跨文化交际研究的领地。

（二）社会语言学

社会语言学是研究语言与社会的关系的一门新兴学科。它从不同的社会科学（社会学、人类学、民族学、心理学、地理学、历史学等）角度来考察语言，进而研究在不同的社会条件下产生的语言变异。

社会就是以共同的物质生产活动为基础而相互联系的人类生活共同体，是人们交互作用的产物。这个定义揭示了社会的本质属性。但从社会语言学的关注点来看，可以把社会定义为任何为某种或多种特定的目的而结合在一起的人的群体。这个定义比较宽泛，涉及面也比较宽广，但是很有用。因为在讨论社会语言学时必须考虑到多种多样的社会、多种多样的社会集团。在中国历史上，除了较早时期以外，"社会"这个概念始终是与集团有关的。对于社会学家、政治学家和历史学家来说，他们关心的是社会的本质属性；但对社会语言学家来说，关心的是社会的群体性和集团性。

语言是一个特定社会的成员所说的话。这个定义是简明扼要的，但又是不完整的。当试图去描写一个社会的语言时，能拿来讨论的"语言"这个概念本身就有问题。语言不是为人类世界原已存在的种种事物增设标志或名称的单纯汇集。每一社会集团都生活在多少不同于其他社会集团的社会中。这些差别既反映在言语社会的文化组成成分中，也反映在它们的语言系统中。有时候，一个社会是多语的，许多人会使用不止一种语言；而同一个人，几乎毫无例外地会随着环境的变化而调整自己的语言。

语言和社会不是各自独立的，它们之间存在着错综复杂的关系。语言是在特定的交际环境中历史地形成的。它既起源于物种的个体发生，也起源于全人类的进化和每个人的生命史，还起源于社会交际行为。语言和社会的关系是辩证的，语言是人类通过交际来应付生活、应付世界的前语言和原始语言这个序列的产物，因此语言与社会的关系的研究将把人类引入一个广阔的研究天地。

跨文化交际研究中关于社会关系的阐述，关于社会角色与言语行为的关系的阐述，很多都来自社会语言学的研究成果。不过社会语言学的研究通常侧重某种特定社会形态和某种特定语言之间的关系，而不关注跨社会、跨语言的研究，这个领域正是跨文化交际研究的领地。

(三)交际语言学

言语交际学是研究言语交际现象及其规律的学科,是一门语言学分支学科。言语交际学的出发点和落脚点是语言的使用,它研究语言用于交际的动态形式,揭示其语用规律,因此它从一开始就是站在语言科学阵地上来考察言语交际现象的。

语言学界已经取得这样的共识:人们用来互通信息、交流思想的语言,是人类社会所独有的一种特殊的社会现象。其特殊性就在于它是专门用来交际的,语言的生命力和存在价值就在于交际;离开了人们的社会交际,语言既不可能产生,也不可能存在和发展。语言是人类最重要的交际工具这个定义就是着眼于语言的社会本质,从交际功能的角度做出的科学概括。语言的社会实践,就体现于言语交际活动中;语言的交际功能,实际上是一种社会功能。这是它的基本功能,其他功能都是由此而派生出来的。

言语交际学正是抓住语言这一社会现象的特殊性,从交际的角度来研究语言,而不是把语言以外的其他社会因素列为研究对象,即使涉及有关社会因素,目的还在于考察这些因素对言语交际所产生的影响,主要是对语言进入交际以后在结构和功能上所产生的影响。这是作为语言学分支学科的言语交际学和作为社会学分支学科的各种交际学在学科性质上的分水岭。这当然没有什么高下之分,只是出于明确学科自身性质的目的,不得不先把言语交际学从各种属于社会学的"交际学"中划分出来,使其在一片"向外拓展"的呼声中能保持清醒的学科意识,不致偏离语言学。

二、跨文化交际研究的时代必要性

现代交通高速发展,航班日益增加,游轮频繁出入,火车屡屡提速,高速公路纵横交错,家用轿车以更快的速度、在更大范围内普及,这使得人们之间的交往空前频繁。现代通信技术高度发达,移动电话的迅速普及和可视电话的广泛应用,使得人们之间的沟通绝对畅通。尤其是电脑的普及和国际互联网的诞生,使人类的生活形态进入了一个崭新的时代,突破了以往生活功能空间的限制,办公无纸化、商务电子化、生活网络化、沟通互动化等无不在人们眼前展现一个"虚拟的世界"。这些巨大变化的一个核心就是人和人之间的时间、空间距离被拉近了，巨大的地球被压缩成一个小小的"地球村"，人们可以像在小村子里的村民一样，随时随地串门、聚会、交往、沟通。

与此同时，全球经济一体化的进程也日益加速。经济是一个国家、一个民族、一个地区的命脉，围绕着经济的发展，国家、民族、地区之间在政治、文化、科技、贸易等方面的交往日益频繁。这种交往可以表现为合作、援助，也可以表现为交涉、斡旋，乃至于冲突、战争，使得世界日益形成一个多元化的格局，而且变得精彩纷呈、变化无穷。事实表明，无论是哪种类型的交往，"万变不离其宗"的是大家必须沟通，需要接触、会晤、谈判、协商、讨论，这就是外交舞台特别精彩的根本原因。所有这些所谓的"外交"都是典型的跨文化交际，因为尽管现代科技的发展拉近了人们之间的时间和空间距离，却无法拉近人们之间的心理距离。不同的国家、民族由于不同的历史渊源、不同的社会风俗，形成了特定的文化背景，特定的文化背景又形成了不同的价值取向、思维方式、社会规范、语用规则，这些因素给跨文化交际带来的潜在的障碍、低效率的沟通、相互间的误解以及可能导致的文化冲突，都会给人类带来不必要的灾难。

跨文化交际作为一门新兴的边缘学科，正是在这样的时代背景下产生的，这个领域的研究无疑是为了适应这样一个日益发达的跨文化国际交往和人际交往的需要应运而生的。因此这门学科必须研究不同文化背景形成的价值取向、思维方式的差异，必须研究不同社会结构导致的角色关系、行为规范的差异，必须研究不同民族风俗所积淀的文化符号、代码系统的差异，必须研究不同交际情景制约的语用规则、交际方式的差异。所有这些研究不但要进行深入的理论探索，还要注重实际的应用研究，这样才能使这门学科更科学、更完善、更丰满，从而更好地为这个时代服务。

第二章 英语文化教学基本理论

人们从出生起就浸润在母语语言与文化环境之中，在习得母语的同时，实际上也学习了母语文化。这在不知不觉中形成。在学习其语言的过程中也不能忽视对文化的学习。随着全球化趋势的加剧，英语教学也必然离不开文化内容的教授。

第一节 英语文化教学的内涵与现状

语言是文化的重要组成部分，语言背后蕴含的是丰富的文化内容。但是，要想明确英语文化教学的相关知识，首先就需要弄清楚其基本的内涵，并在此基础上分析英语文化教学的现状，以此更好地推进英语文化教学。

一、英语文化教学的内涵

语言是文化的一部分，是文化的一种表现形式，如果不对英语文化有清楚的了解，那么是很难学好英语的。要想真正地学会使用语言，就必须了解语言背后的文化，包含历史传统、风俗习惯、生活方式等。因此，在英语教学中必须融入文化教学，增强学生对文化的敏感性。只有这样，才能真正地提升学生的跨文化交际能力，从而培养出社会需要的人才。

（一）文化教学的兴起与发展

文化教学源自跨文化教育，并且随着跨文化教育的发展而不断发展。跨文化教育历史悠久，从古至今，世界上各个国家开展了不同方式与程度的交往，如国家间的旅游、访问、留学等。事实上，这些都属于跨文化教育实践。

世界上不同文化之间相互交流与合作，促进了各国文化的发展。但需要指出的是，受各种因素的影响，文化差异必然存在，这就导致隔阂与冲突的存在。为了保证各民族、各国之间的文化能够相互学习与理解，就必然需要进行跨文化教育。

跨文化教育是一个新兴领域。在这一时期，世界移民国家众多，移民的存在就引起了很多社会问题。最初，移民国家更加关注移民如何在当地的环境下生存，随着时代的发展，他们对文化的交融开始予以关注，并开始分析为何会出现文化变迁、文化融合后的消失现象等。之后，跨文化教育理论诞生，如文化同化论、文化变迁论、文化融合论、跨文化交流论、多元文化教育论等。

联合国教科文组织就开始对教育与文化的关系进行研究，尤其是教育对文化的作用。之后，联合国教科文组织开展各项活动，并提倡为儿童青少年编写合适的教材，帮助他们了解不同文化所代表的意义及不同的生活方式。

在联合国教科文组织的不断推动下，跨文化教育的理念更加明确，也得到了世界各国的认同。宣扬跨文化教育，并促进了世界各国跨文化教育的发展，具体来说表现为如下几点：

第一，明确人的全面发展的作用，并指出应该通过广泛的接触与教育来促进人的全面发展。

第二，明确指出普及教育、传播文化是联合国教科文组织的目标，以保证各国之间的文化多样性与文化独立性。

第三，明确每个人都有权利参与文化与艺术活动，享受文化生活。

第四，重视通过不同文化开展对话与交流，以使得文化更具有多样性，也能彰显出自身文化的特性。

第五，明确教育与文化的关系，尤其是教育对文化的作用。

第六，明确对跨文化教育的相关概念进行定义，认为其目的在于尊重文化、理解文化多样性。

第七，界定跨文化教育的范畴，不仅将某些学科的教学活动容纳进去，还将所有学科教学与学校系统、媒体、家庭等容纳进去。

第八，倡导学校必须与社会环境相结合，逐渐构筑成一个有效的对话场所，并将学生的文化视野逐渐扩大。

第九,提出跨文化教育策略、方法,并指明教育内容、教育课程、教育语言等教育原则。

第十,呼吁构建跨文化教育质量标准,以推进跨文化教育在世界的进步与发展。

(二)文化教学的具体任务

教学任务就是教学目的,当前英语文化教学的目标是提升与培养学生的交际能力,具体表现为如下三点:

1. 帮助学生树立多元文化意识

对世界文化多样性的了解,有助于人们建立多元文化的意识与观念。不同文化产生的背景不同,是不能相互替代的。基于全球化的视角,各个文化群体之间的交流也日益频繁,因此需要对异质文化予以理解与尊重,努力避免在交际过程中出现冲突。

在英语文化教学中,教师应该努力培养学生积极理解不同文化,让他们对自身文化有清晰的了解,同时以正确的心态对待他国文化,应对世界的多元化。

2. 发展学生的批判性思维

在英语文化教学中,教师应该不断培养学生的批判性思维,让学生对本国文化加以反思,然后采用多元文化的有利条件,对文化背后的现象进行假设,确立自己的个人文化观念。

3. 为学生创造学习异质文化的机会

当中西方两种文化进行接触与了解时,不可避免地会遇到碰撞的情况,并且很多时候也会感到不适应。因此,在英语文化教学中,教师应该帮助学生避免这一点,让他们有更多机会了解异域文化,提升自身的文化适应力。

二、英语文化教学的现状

由于语言与文化之间密切相关,因此在英语教学中输入文化是非常必要的。文化教学的目标也发生了改变,侧重于培养学生的跨文化交际能力。下面对英语文化教学的现状进行分析。

(一)国内外对文化教学的研究现状

1. 国外关于文化教学的研究现状

国外某学者认为,在外语教学中进行文化教学是必需的,通过文化教学,学生可以提升自身的跨文化理解能力。这就是说，在外语教学中，文化起着非常重要的作用，如果对文化不了解，那么就很难学会外语，很难与外语本族人进行交流与对话。学生在外语学习中，往往认为与自身母语要素不同的要素是非常复杂的，认为只有相同的要素才是简单的，这就需要通过对比找出二者的差异，从而理解学生外语学习的难点。

随着跨文化交际的发展，很多学者认为应该从跨文化交际的角度重视跨文化外语教育，研究文化在英语教育中的意义，从而让学生不断了解其他国家的文化，提升自身的跨文化交际能力。

最早界定了英语教学中的文化概念，并指明英语文化教学的内容与方法。文化是人与人、人与社会沟通的桥梁，文化模式必然影响着人们的行为、人们的思想等。文化包含两大层面：表层文化和深层文化。

随着跨文化交际的加深，以及多元化所存在的现实问题，学生的跨文化学习不仅要学习目的语文化知识，还需要不断提升自身的跨文化能力。同时，培养自身的跨文化能力与跨文化交际技巧是 21 世纪对复合型人才的要求。因此，英语教学研究应该帮助学生了解目的语文化，让他们能有效地与目的语国家的人进行交际，避免产生冲突与误解。

开展多元文化互动模式的外语跨文化教学。无论是对语言进行研究，还是进行语言教学，都应该避免将语言与文化对立起来，这样会阻碍人们从不同角度看待问题。也就是说，人们应该从多元形式来看待语言与文化的关系。教师向学生传授目的语文化的事实、态度等信息，只能给学生提供参考，让他们"知其然"，但是很难让他们"知其所以然"。

就人类精神力量的发展层面来说，语言必不可少。当然，这在世界观形成层面也是如此。这是因为，个体只有让自身的思维与集体思维紧密关联起来，才能形成真正的世界观。文化不应该仅对事实进行展示，而应该通过交际来进行传授，这样才能让学生真正地学到文化，理解目的语文化的本质特征。处于多元化的社会，这就要求在教学中应该对文化互动予以鼓励，而不应该害怕或者一味地去避免冲突的发生，因为冲突从本质上说也属于一种文化层面的互动。

跨文化外语教学应该从对比、知识传授的角度出发，让学生对社会交往的行为模式、风俗等有清晰的了解，从而找出文化现象的差异性，展开合适的交际。语言与文化综合教学模式包含语言学习、语言认知、文化经验、文化认知四个要素，且这四个要素贯穿于教学的整个过程中，缺一不可。

英语文化教学更加受到重视，文化学习成为培养学生交际能力的重要因素，教授文化会将口语、书面语、社会交际等内容渗透进去。因此，也总结出教授文化的如下四种方式：

（1）语言与文化探索活动。

（2）社会语言探索活动。

（3）文化探索活动。

（4）跨文化探索活动。

除了这四个方式之外，还有"文化丛""文化包""文化同化"等方法。

2. 国内关于文化教学的研究现状

相较于国外对文化教学的研究，国内文化教学研究起步较晚。学者在《现代外语》上发表的《词汇的文化内涵与英语教学》中首次指出英语教学没有关注词汇文化因素的问题。自此，开始了语言与文化关系的研究。在语言与文化的关系上，礼貌在语用上有着重大的作用。

但是从整体上说，文化教学仍旧以单一的教学方法和理念进行，教学往往流于形式，并未触及文化教学的深层内涵。因此，对文化教学进行全新的改革十分重要。推广英语文化教学将是未来外语教学改革的主要方向之一。因此，从国内外的研究与论述可知，国内外学者都在努力推进英语文化教学，促进外语教学向更深的层次发展。

（二）英语文化教学面临的具体问题

1. 跨文化接触的日益频繁

随着人类社会与思想的进步，人类的生活更加开放，不同国家、民族的人们因生存的需要或者偶然的相遇而开始交往，并日益频繁。于是，跨文化交际应运而生。

如果说人与人之间、家庭与家庭之间的交往是以民族化为特征的早期交往形式，那么国家与国家之间、民族与民族之间的接触则呈现了地域化或国际化的特征，进而演变成现在的全球化特征。从古至今，尤其是经济与科技发达的今天，不同民族间的交往日益紧密，而且逐渐成为国家与民族兴旺的重要一环。因此，这也加速了文化教学的产生与发展。

2. 文化全球化的推动

随着各国经济的迅速发展，各国间除了政治、经济、外交、军事交往之外，文化交流也越来越频繁。

文化团体的出访与学习，各国间的旅游、移民等。可见，文化之间的交往并没有停止过，文化全球化正在快速蔓延。但是需要注意的是，全球化对各国文化带来的影响也是不容小觑的，具体体现在以下几个方面：

（1）语言交融

所谓语言交融，即在国与国的交往过程中，其语言也会随其进行吸纳的现象。一般来说，语言交融主要体现在两个层面：表层交融与深层交融。

表层交融是指为了满足国家间交往的需要，很多人主动学习、掌握其他民族的语言，目的是能够和目的语国家的人们进行直接、无障碍的交流。

深层交融是指学习、吸收并接纳其他民族的某些词语已经特定的表达形式。而这种吸纳主要有两种类型：

第一，源语中某些词语的语音和语义以目的语的语形或直接以源语语形进入目的语。这主要体现在一些词语的运用上。

第二，源语中的一些词语的语义直接进入目的语中。很多情况下，这是由于目的语概念缺位的情况，大多体现在格言或者习语上。

另外，还存在出现一些更为直接和形象的表达，目的是让目的语使用者更容易理解。

（2）文化认同

文化认同主要源于不同文化群体对本土文化与其他文化的判断与评估。文化认同是由多重维度构成的。简单来说，其主要来自文化成员保护自我的文化特性的情感与生活方式，并随着社会不断发展，文化认同变得更为复杂。在人类社会早期，个人或群体文化认同的主要单位是部落、家庭、族群等。随着社会的不断发展，一些超越血缘纽带的地域、城镇、社会团体、阶层等诞生，这些都可以被视为文化认同的载体。在不断发展的过程中，文化认同也更加丰富，即帮助文化成员对自身的认同加以确立，对文化成员的态度进行规范，并对人们的行为构成潜在的约束。

文化认同受文化差异、文化流变等的影响和制约，并在其变化中形式、内容等更为复杂。在日常生活中，根据情境、场景等的不同，人们往往会自主地在多种认同中进行转移。通常情况下，对一个较小的认同单位的选择，并不会对人们选择较大单位产生影响，最终这些较大认同可以形成常见的多重文化认同。另外，在多重文化认同中，有些认同属于核心认同，有些认同属于外围认同，而其中人们的行为模式、判断标准的文化系统，往往有助于界定人们的文化属性。一般情况下，外围认同容易发生改变，核心认同往往比较持久、稳固，会与不同的历史、族群等相联系，既会在人们的日常话语中出现，也会在社会规范、社会实践中呈现。更为重要的是，要想将相同的核心文化认同进行分享，就意味着要运用相同的文化符号，对共同的文化理念进行遵循，维护相同的行为规范与思维模式，这就是文化认同的主要作用。

根据历史经验，随着社会的不断变迁，以及异质文化融入本土文化，就必然会凸显文化认同，尤其是随着全球化与现代化转型，各民族文化变得更为复杂，不同文化都被深层的文化意义符号覆盖着，文化边界更为模糊，个体的认知、价值、行为系统必然会不断发生紊乱，这就不可避免地导致文化认同危机，或是多重文化认同的现象。尤其是中心与边缘之间、西方与非西方之间的一系列矛盾愈加错综纠结，使文化认同问题更为迫切，也异常复杂起来。

3. 跨文化交际的迅猛发展

全球范围内跨文化交际的开展，导致跨文化教育的兴起，因此跨文化交际是跨文化教育的一大原因。跨文化交际的出现也受到正负因素的影响。

（1）正面因素

正面因素包含两大层面：科技尤其是交通运输技术、通信技术的发展为跨文化交际提供了技术支持；全球经济快速发展为跨文化交际提供了物质基础。

第一，技术上的支持。20世纪以来，交通运输技术迅猛发展，人类逐渐有了日益发达的交通运输手段，人类可以迅捷地到达各个地方。而且，随着科技的更新，有了高速铁路、高速公路、轻轨运输、跨海隧道、超音速飞机等交通工具，这使得人们出行非常便利。

交通工具与运输系统的发展，必然会不断扩大文化之间的交往，旅行的便利意味着人们有更多的机会与他国文化接触。现如今，人类的脚步逐渐迈向太空，可以预见在不久的将来，人们会开启更加振奋人心的太空翱翔时代。

除了交通运输技术的发展外，通信技术也得到了迅猛发展。

通信卫星、高尖端电视传送技术、数字式通信网络系统、移动电话技术等使得世界各国的人们可以随时共享信息。另外，电子计算机技术、网络技术等的发展更为惊人。

总之，现代化的交通信息技术为世界各国、各民族的人们走出国门提供了更多的条件与技术，而以网络、电视、手机为代表的现代化通信技术则为世界各国、各民族的人们进行远距离交往打下了基础。这些现代技术无疑会给跨文化交际带来便利，极大地加强了各国家、各民族之间的交往与了解，加速彼此的信息沟通与交流，从而促进全球经济与文化一体化。

第二，物质基础的强化。不可忽视，科技的发展是以经济的发展作为前提的，经济的繁荣昌盛为科技的发展提供了强有力的物质基础。虽然西方发达国家的经济发展受各种原因影响，发展缓慢，但是以中国、印度等为代表的发展中国家，却呈现较快的发展势头。这些发展也保证了全球经济的良性循环。也正是有了经济的基础，人们的生活质量才能不断提高，从而有了出国旅游、享受生活等的打算，甚至也出现了移民的情况。可见，强有力的经济基础是跨文化交际不可或缺的物质保障。

（2）负面因素

除了正面因素外，还有一些负面因素的影响，当然这些负面因素反而也促进了跨文化交际的迅猛发展。

第一，人口的快速增长。首先，最直接的关系是人口的增长会导致移民现象的加剧。这是因为，人口的增加会导致穷国更穷，于是生活条件逐渐恶化，迫使人们不得不去他国寻求生存机会。其次，间接的关系是人口的急剧增加导致出现了一系列问题，如粮食匮乏、资源短缺、环境污染、传染病流行等，这些问题属于全球性问题，需要各国之间的合作与沟通才能得以解决。

第二，粮食急剧短缺。当前，粮食也是世界上短缺的资源之一。在这种情况下，以食品安全取代军事安全,成为许多国家政府的当务之急。因为如果不能解决食品问题,那么很多区域性、地区性的灾难就会发展,甚至会波及全球其他国家。显然,粮食问题已经成了国际性、跨文化问题。要想解决这一问题,也必然需要各国之间的共同努力。

第三,自然资源与能源的短缺。众所周知,地球给人类提供的资源与能源非常有限,不可能取之不尽、用之不竭。但是,当今世界的资源与能源问题出现了不公平性,一些大国需要消耗较多的资源,但是本国提供的远远不够;一些经济基础弱的国家有很多资源,但是并未很好地进行开发。因此,资源的短缺很容易出现不同国家之间的争端与分歧。要想解决这一问题,必然需要跨文化接触与合作。

第四,生态环境的恶化。随着人口的逐渐增加与全球经济一体化的发展,环境污染早已经跨越了地理与文化的羁绊,正在逐渐演变成全球性的问题,正在对人类自身的存在造成威胁。环境污染的加剧必然会对人类的生存条件造成不利影响,也会造成自然资源、食品等的短缺,从而使世界上的人们为了改善生存条件对资源进行争夺,导致各种冲突与矛盾的产生。此时,跨文化交际就表现为经济、外交等方面的冲突。

但是,当前人们认识到资源、环境等层面的问题,认识到这些问题不仅是个人的事情,更是世界各国、各民族的事情,因此世界上各个国家不得不联起手来,共同协商与应对。可以说,全球资源与环境的保护问题需要全世界的同心协力,这也成了跨文化交际日益频繁的一个重要外因。

第二节 英语文化教学的内容与目标

英语文化教学要求不仅在教学中教授语言知识,还需要在教学中教授文化知识。英语文化教学的目的在于研究不同文化之间的异同点,培养学生对文化差异的敏感性,用于跨文化交际。本节就来分析英语文化教学的内容与目标。

一、英语文化教学的内容

如前所述,语言是文化的一部分,因此英语文化教学中必然包含语言文化的教授,此外还存在一些非语言文化，这些也是英语文化教学的重要组成部分。下面就从这两个层面来探讨英语文化教学的具体内容。

（一）语言文化

1. 词汇

（1）形式

汉语的词汇一般是由一个语素构成的，属于孤立性的语言，因此更倾向于复合构词法。汉语名词可以分为集体名词、抽象名词等，没有数的变化，但是可以充当谓语。汉语动词不是造句的核心部分，动词不是汉语句子中必需的成分。汉语形容词作名词的定语只能位于名词前面，并且需要连接词，如"的"等。汉语词语一般有固定的格式，尤其是以三字格和四字格为主。

英语属于屈折语言，英语词汇通过词的变化来表示词义或者语法功能的变化，因此英语构词倾向于派生构词法，以至于英语中很多词汇都是在词根的基础上增加前缀或者后缀衍生出来的。英语名词按照其可数性可以分为可数名词与不可数名词，不可以做谓语。英语句子必须有动词，动词是句子的核心，表达着不同的语法意义，因此动词会有人称、数、时态、语态、体态等变化。英语形容词作名词的定语修饰语，可以放在名词的前面或后面，并且不需要连接词。英语中介词众多，几乎所有的介词都可以和其他词语进行搭配使用，因此英语中拥有大量的介词短语，形式一般是"介词+×"形式。另外，英语中有相当数量的动词短语，一般是双语素动词和三语素动词。

（2）意义

词汇的意义包括指称意义、联想意义和文化意义。由于汉语语言是由单个字搭配而构成的，因此汉语词义具有明显的语义繁衍能力。英语词汇的意义对语境有很强的依赖性，同一个词汇在不同的语境中具有不同的意义，因此英语词汇的意义比较灵活。

英汉词语的指称意义不尽相同，有些可以完全对应，有些部分对应，有些则完全不对应。联想意义包括内涵意义、风格意义、情感意义、反映意义和搭配意义五种。由于文化和语境的区别，英语词汇和汉语词汇有时候在指称意义上相同，但是在联想意义上有差异。词汇是语言的重要组成部分，对词汇的理解不能脱离其所属的文化和社会语境。因此，在不同的文化背景下，词汇有着不同的文化意义。

2. 句法

（1）主谓关系

汉语句子是语义结构，汉语句子的概念基本上是话题评论式的，可以看成话题和说明二分结构。它先提出一个话题，接着是评论或解说。话题是语义的，和后面的评论不存在一致关系。话题是说话人想要说明的对象，是句子的主体，是全句起主导作用的成分，总是放在句子的开头处。评论部分是述说话题的成分，位于话题之后，对话题进行说明、解释。汉语话题的种类是无限的，任何词、任何词组、任何句子都可以是话题。汉语的话题是已定的，是谈话双方都知道的，是说明的中心。

英语句子是语法结构，英语句子的概念是施事行为式的，可以看作主—谓—宾三分结构。英语句子的主语是语法主语或者是施事或者是受事，句子的谓语是行为，主语要与谓语在人称和数方面保持一致。英语的主语种类是有限的。为了完成英语句子的主谓一致关系，一般遵循以下三个原则：语法一致原则、概念一致原则、相邻一致原则。

（2）倒装

汉语句子的话题和评论之间不存在一致性关系，因此没有这种鲜明的标记。当主语和谓语动词错位，两者之间的句法关系就可能被破坏，这就使得汉语句子的主谓倒装受到制约，汉语中的倒装现象远不及英语普遍。

英语句子主谓之间的一致性就是通过谓语动词的语法形式体现出来的，谓语动词的语法形式是一条标记主谓一致性关系的鲜明纽带，只要找到这条纽带，就可以确定主语的位置。这种句法特点为英语句子中一定范围的主谓倒装创造了条件，使英语句子主谓间的句法性倒装和修辞性倒装非常普遍。

（3）扩展机制

如果从线性延伸的角度考虑，英汉采用不同的延伸方式。汉语采用逆线性扩展延伸机制，逆线性扩展延伸，是从右到左的扩展；而英语采用顺线性扩展延伸机制，顺线性扩展延伸，是从左到右的扩展。因此，汉语句子的句首是开放的，句尾是收缩的；英语句子的句尾是开放的，句首是收缩的。

英汉句子扩展机制的差异还体现在末端重量的差异上。汉语句子向左扩展，通常将修饰语放在名词前面，看起来头重脚轻。英语句子向右扩展，使得词、短语、从句都可以置于被修饰语之后，因此英语句子左短右长，句末的分量较重。

3. 语篇

东方人的语篇组织模式是螺旋型。螺旋型结构是汉语语段典型的逻辑序列，以一种循环往复的方式向前推进。

英语语篇组织模式为直线型，以有秩序的顺序向前推进，先陈述中心意思，然后分点说明。英语语料中的段落大部分是直线发展的，非直线发展的段落占据的比例很小。

（二）非语言文化

非语言文化也就是肢体语言文化。非语言交际是通过身体部位的活动来传递思想或情感信息。大部分的人际交流是通过肢体语言进行的。因此，要促进交际的顺利进行，交际者必须了解肢体语言。在不同的文化中，肢体语言传递着不同的内涵。

1. 表情

在身体语中，表情是常用的一种非语言符号。表情是人类社会交往的调节装置，面部结构是精神的直观表现，能反映出柔情、胆怯、微笑、憎恨等多种情感谱系。人类借助表情能展现丰富的情感，阐释话语、调节对话、塑造社交形象。

虽然人类传播存在诸多文化差异，但是世界各地的人在表达人类主要情感（如喜悦、幸福、悲伤、惊奇、恐惧、气愤、厌恶）时所使用的表情几乎是一致的。

在不同文化中，表情既有一致性，也有不同之处。受生理素影响，不同文化的人处于喜怒哀乐的心理状态时，大多有类似的表情，这就是共性；有些表情会因文化不同而有所不同，这就是个性。

需要指出的是，虽然人类的表情基本相似，但是不同文化中，对于人在哪种场合表达什么样的情感，表达多少情感的规定是不同的，所以不同文化的表情存在多寡的差异。例如，在地中海地区，对于悲伤情感的表达一般会比其他地区更强烈，男人在公共场所哭泣的场面也比较常见。此外，一些表情在孤立的情况下具有相似性，但是在受到环境因素影响之后，则会呈现出差异。例如，不同文化群体的成员会因为谁在场、在什么地方讨论什么问题等因素的变化而对自己的情感表达进行不同程度的抑制或修正。

2. 目光语

目光语是运用目光的接触与回避、眼睛睁开的大小、目光接触时间的长短、视线的控制等方式传递信息。目光语至少承担了以下六种传播功能：表明专注、感兴趣或兴奋的程度，影响态度的变化与说服，调节人与人之间的互动，传递情感，确定权力和身份关系，为印象处置确定一个核心角色。

3. 手势语

手势语指的是可以用手臂与手指活动传递的信息。手势语包括模仿型、代表型、指挥型三种类型。模仿型指的是用手势模仿一种物体或动作。代表型指的是用一个手势代表一个含义，如用跷起大拇指表示称赞或欣赏。指挥型如合唱队指挥用手势打拍子。

在不同文化中，手势语的使用频率和传递的信息存在差异。

4. 沉默

沉默作为人际交往中的一种主要的非语言符号，包含多种程度不同的信息，往往作为语言符号的补充，能将语言符号隐蔽的信息反映出来。

在不同的文化中，沉默可分别表示正在思考、压抑、蔑视、不同意、责备、赞成、原谅、谦恭、允诺、悲伤等不同的意义。阿拉伯文化和西方文化给予沉默更多的消极意义。在这些文化中，沉默被视为是交往中最不理想的状态，沉默是无所事事、无话可说的象征。因此，人们难以忍受沉默，一般会通过提问的方式迫使对方说话。例如，阿拉伯人和希腊人强调朋友之间、家庭成员之间积极的语言交流；对于意大利人来说，与朋友交谈是能带来乐趣的重要消遣方式，也是美好生活的标志。所以，很多西方学者将沉默视为传播的对立面，排斥沉默在传播中的积极作用。

需要指出的是，在某些西方文化中，沉默也可能代表着高度的相互理解和信任，如在密友之间。例如，芬兰人就认为，沉默是社会交往活动的重要组成部分，沉默不代表没有交流，重要的是"懂得什么时候应该闭口是一种美德"。

一些西方的传播学者开始对沉默展开实用性的研究。他们分析了沉默这一非语言符号是如何介入传播的，并具体探讨了沉默的积极作用与消极作用。同时，他们还指出沉默属于一种混合型的语言，其与人际对话有着密切的关系。正如一些学者所说，话语如果没有停顿的话，是不可以理解的，沉默并不是一种间隔，而是声音联合的桥梁。

研究发现，沉默也可以对信息进行传达，尤其是人在词语表达中出现限制的时候，沉默中采用的身体动作、接触、表情等非语言符号对于人们交谈中短暂出现的意义空白进行增补。对于那些无力解决的交谈，沉默可以给人一种只可意会、不可言传的效果。因此，有人将语言与传播融为一体，语言中拥有沉默的知识，如同沉默中拥有语言的知识。

对于沉默的深层次研究，有学者提出了会话的数量原则，即会话中提供的信息量应适量，话语的多少应该与环境相适应。不同的群体对人们什么时候开头以及开口讲什么话是存在一定的差异的，这些差异是潜意识的差异。

在对如何调动和组织谈话进行研究时，将沉默总结为三种样式。

（1）空白

如果没有人继续谈话或者没有人接替谈话时，这时候会产生空白，而这种空白会给人以不适感。

（2）空当

如果一个谈话者终止了谈话，而其他人知道谁来接替，但是接替的人还未上场，这时候就会出现沉默。而这种沉默主要起着间歇与停顿的作用。如果持续的时间过长，那么也会给人造成不适感。

（3）停顿

一般来说，停顿多在一个人说话中出现，是比较自然的一种沉默现象。当说话者停顿下来，多半是为了思考，或者对谈话内容进行改变，这种短暂的沉默是为了避免语言表达中的平铺直叙，可以将传播者的心理活动加以再现。

沉默是表现社会文化特征和心理过程的话语真空行为，形式与意义结合有很大的不确定性，并存在文化差异。若完全将沉默看作负面的传播现象，忽视沉默与人和语言的正关联，对沉默持否定态度，缺少对沉默的观察，那就无法更好地理解沉默积极的传播意义。

二、英语文化教学的目标

英语教育的目标在于帮助学生理解在交际环境下语言所呈现的意义。外语教学不是仅仅像传授其他知识一样，将文化传授给学生，而是帮助学生清楚目的语国家的人们如何对语言与文化进行使用的过程。在建设英语文化教学的过程中，如果仅仅对文化事实加以介绍，显然是很难提升学生的跨文化能力的。文化背景不同，决定着人们看待世界的角度不同。为了达到跨文化理解的目的，学生要处于第三位置，构建一个新的视野，以跨文化人的角度对比母语文化与目的语文化。形成第三视角应该是英语文化教学的目标。

文化教学有七大目标：

第一，让学生明确目的语文化影响和制约着人们的行为。

第二，让学生明确性别、阶级、年龄等都属于社会的各种因素。

第三，让学生明确目的语文化中形成的行为方式。

第四，让学生理解目的语词组文化。

第五，让学生明确目的语文化的评价方式。

第六，让学生提升自身对目的语文化搜寻与组织的技能，掌握具体的研究技巧与方法。

第七，激发学生学习目的语文化的好奇心，鼓励他们从情感上产生共鸣。

在这七项中，英语文化教学目标指出了跨文化能力所具备的知识、意识、态度、技巧等层面。其中第一、第二属于跨文化意识，第三、第四属于跨文化知识，第五、第六属于跨文化技能，第七属于跨文化态度。

为了提升学生的跨文化交际能力，教师必然需要注重英语文化教学。英语教育的五个目标：

①交际：英语学习的中心是运用非母语的语言进行交际，可能是书写交际，也可能是面对面交际，还可能是跨越历史的交际。

②文化：通过学习其他语言，学生获知与了解目的语文化。要想学好这门语言，学生需要掌握目的语文化语境。

③关联：学习英语为学生提供与其他知识联系的机会，这些相联系的知识是只会一门语言的人无法获得的。

④比较与对比：通过比较与对比，学生不仅形成对自己母语文化的洞察力，还能从多维视角看待世界。

⑤社区：社区的元素会促使学生在多样化语境中，运用恰当的文化方式参与到国内外多语言社区中。

显然，获得并了解其他文化知识看作学习一门外语的标准，注重文化与交际，强调学生应该从母语文化世界走出来，进入目的语文化之中，实现两种文化的融合。

第三节 英语文化教学的意义与策略

英语文化教学对语言教学有着重要作用。英语文化教学可以使学生在学习语言的过程中理解和接受异域文化，达到良好的跨文化交际的效果。对于英语教学的对象来说，在学习目的语的过程中，肯定会伴随着学习目的语文化的过程。这一过程可以开阔学生的视野，帮助其建立文化身份，培养其批判性思维，学会包容和审视目的语文化与母语文化。当然，要想更好地开展英语文化教学，还需要掌握一定的策略。

一、英语文化教学的意义

当前，英语文化教学有着十分重要的意义，其不仅与时代发展相符，还能够更好地实现英语教学的长远目标，同时做到了符合中国国情，是英语有效教学的体现，也是实现素质教育的重要渠道。

（一）符合经济发展的需要

国际市场竞争力说到底还是人才的竞争力，作为国家培养、输送人才的主要基地，也必须适应经济发展的需要。英语作为高等教育的一门基础学科，影响着学生的职业生涯和可持续发展。英语能力不仅体现在英语知识的掌握程度上，还体现在文化背景知识上。从这一点来讲，英语教学中的文化教学也是必不可少的。

（二）迎合跨文化交际的需要

在当今大时代背景下，国与国之间的交往日益频繁，这就要求学生应该努力学习语言与文化知识，获取语言与文化技能。

世界是一个地球村，经济全球化使得跨文化交际呈现多样性，因此在跨文化交际教学中，教师除了让学生提升自身的语言能力，还应该提升自身的跨文化交际能力，应对交际中出现的各种变化。

另外，随着多元社会的推进，要求交际者应该具备一定的合作能力与意识，无论是生活在什么文化背景中，都应该为社会的进步努力，树立自己的文化意识，用积极的心态去认识世界。可见，跨文化交际教学将英语的价值充分地体现出来，学生对跨文化交际知识的学习也与社会的发展相符，是中西方文化交流不断推进的必由之路。

（三）符合英语课程的内在要求

英语课程标准对英语交际能力有着明显的要求。英语文化和母语文化是两种文化体系，因此英语交际能力就是跨文化交际能力的一种体现。跨文化交际能力的提高，要求学生不仅要了解本族文化，也要精通他国文化，而且还要不断接受现实交际的验证。这就使得英语教学为了提高学生的跨文化交际能力，必须进行一定程度的文化教学。

（四）实现素质教育的主要渠道

现如今，对于素质教育非常推崇。作为一门基础课程，英语教学也是素质教育，乃至文化素质教育的重要项目。就跨文化交际的视角来说，英语文化教学是实现素质教育的一个重要工具，也可以说是一个主要渠道。这是因为，英语教学除了知识传授外，还有文化素质与文化思维的培养，这与跨文化教学的要求有异曲同工之妙。

因此，在英语文化教学中，教师必须将语言与文化的关系处理好，引入西方国家文化，汲取其中的有利成分，发扬中华文化。具体来说，可以从如下几点着眼：

1. 有利于培养学生的文化感知力

注重跨文化交际研究，且教师在英语教学中有意识地向学生传授一些文化背景知识，可以使学生更全面地了解西方国家的实际情况，进而能在适当的场合使用准确的语言表达自己的观点。此外，教师不断地向学生介绍一些英语文化背景知识和文化传统，可以让学生明白不同的文化、不同的语言具有不同的表达习惯和方式，可以提高学生对不同文化的感知力，增强跨文化意识和能力。

2. 有利于培养学生对文化的敏感性

对英语文化教学的任务而言，除了要进行英语基本知识和技能的传授，还必须培养并增强学生对中英文化差异的敏感性。对于这项能力，学生可以在课堂上借助教师对中西方文化差异的讲解和跨文化交际的研究而达到这一目的。如果在英语课堂组织的对话活动中，教师仅关注学生在语音、词汇和语法上的准确性，却忽视文化的差异性，就不利于学生语言运用能力的增强，无法准确灵活地使用语言。

二、英语文化教学的策略

有理念，就有方法论。方法形成之后，也不是恒定的，会随着理念的变化而变化。既然英语文化教学的理念在广泛传播，那么它的实施方法就需要被探讨。概括而言，英语文化教学的实施方法主要有以下几种：

（一）教师传授策略

1. 说明策略

当学习材料中的文化背景知识影响到学生对学习材料的理解时，教师可以对有影响的文化背景知识做一些说明介绍。教师的说明介绍最好安排在讲解学习材料之前的一段时间进行，以便为学生理解学习材料做铺垫。要将说明介绍的工作做好，教师需要提前在课外时间做好准备工作，收集一些与教学内容相关的典型文化知识，并通过自己的消化理解将其恰当地应用到课堂之中。通常情况下，教学材料中的作者、内容和事件发生的时代可能都蕴含着一定的文化内涵，学生必须广泛学习这些背景知识，否则就难以准确理解所学材料。

2. 比较分析策略

有比较，就有结果。只有在比较中，事物的特性才会表现得更加明显。经过了不同的历史轨迹，中国和西方国家在长时间的历史积淀中形成了不同的文化。因此，在英语文化教学中，教师可以通过母语文化和英语文化的明显比较，来让学生更加深刻地认识母语文化和英语文化。在跨文化交际中，学生也因此就提高了文化敏感性，会更加重视文化对于交际的影响，从而减少甚至避免文化差异引起的交际冲突。打个简单的比方，问别人的行程和年龄在中国是很正常的,但是在西方人眼里是对隐私的侵犯。

3. 文化讨论策略

文化讨论是教师进行英语文化教学的重要策略。首先这一策略充分尊重了学生的主体地位,其次学生在讨论过程中可以学习关于文化的各种知识,最后讨论策略有助于提高学生对文化学习的积极性和主动性。因此,教师在英语文化教学中,可以灵活采用文化讨论法进行教学。具体来说,教师以班级为单位,组织学生就某个专题开展面对面的讨论,并在讨论过程中解决实际问题或解答特定课题。教师可以提前布置一定的任务,让学生进行有针对性的讨论。

4. 与其他技能教学相结合策略

英语教学离不开文化因素,文化必然是贯穿在语言知识和技能教学之中的。因此,教师可以将文化教学与其他技能教学有机结合,通过讲解相关背景知识进行英语文化教学。简单来说,就是教师在讲解语言知识时,适时插入对于相关文化背景知识的讲解,使学生在学习语言知识的同时,了解并掌握文化知识。这里主要以听说教学和阅读教学为例进行说明。

(1)与听说教学相结合

在听说教学中,教师可根据单元的主题,适当插入文化讲解。教师可以让学生先进行对话表演,从中能够听出他们已经了解了哪些文化知识,还有哪些部分需要介绍,然后再进行有针对性的练习,加深学生的印象。例如,每个国家都有着丰富的节日文化,教师可以提前给学生布置任务,要求他们在上课前仔细查阅某种或某些节日的相关信息,如来历、风俗等,然后在课上与同学进行分享,最后由教师进行总结并讲解。

(2)与阅读教学相结合

很多学生在阅读过程中会发现,对文章大意不难理解,不过一旦涉及文化方面的内容,如果不了解相关背景知识,就会感觉不知所云。基于此,教师除了要讲授英语基本知识,还应该引导学生学习与课文相关的背景知识。

在阅读教学中,教师要尤其注意文学经典作品的重要作用,特别是英美文学的作用。英美文学在世界文学史上占有重要的地位,教师要充分借助英美文学的作用,丰富教学内容,让学生领略英美文学作品的魅力。英美文学作品重在赏析,在阅读教学中,教师首先要对作品进行分析,特别是对于精读部分的关键词和关键句要进行重点讲解。在此基础上,教师可以对相关背景知识,如历史、社会、作家、人物角色等进行讲解,帮助学生更好地进行理解和阅读。

(二)外教引导策略

客观条件优越的学校可以适当地聘请一些外籍教师授课。外教的到来对英语文化教学具有以下两大作用:

1. 外教对于学生的影响

外教不仅可以提升学生的英语学习兴趣,还能真正促进学生跨文化交际能力的提高。外教作为异域文化中的成员,比较能够引起一批学生的好奇心,这些学生在与外教接触和交流的过程中增强了对英语口语表达的信心,还能收获课堂上学不到的社会文化背景知识,能真正提高英语文化敏感度和英语交际能力。另外,学校可以定期利用外教组织英语角,这样就为学生创造了纯正地道的英语环境和文化环境,有利于英语听力和口语能力的提高,从而使得跨文化交际能力也有一定的进步。

2. 外教对于教师的影响

在中国的大环境下,很多中国英语老师虽然出身于英语专业,集各种英语等级考试证书于一身,但是由于口语的练习机会很少,英语口语表达能力依然比较欠缺。而外教来到学校以后,这些中国英语教师因为教学工作的关系,就获得了许多与外教直接交流的机会,外教可以帮助他们纠正语音上的错误,就使得中国老师锻炼了英语口语表达能力。另外,外教是在另外一种不同的文化氛围中成长和学习的,其教学模式可能更加有趣、生动,中国的英语老师就可以汲取他们教学模式中的优势,也有利于提高教学水平。

如果外教的学校教学工作让他们获得了良好的感受,外教往往会把国外的教育行业的朋友或者机构等介绍给学校,这样学校就可以通过夏令营、冬令营的形式和国外的教育行业进行互访、学习和交流,从而提高学生的跨文化交际能力。

(三)附加形式策略

以附加形式实施英语文化教学,就相当于一碟开胃菜,形式可以多样化。例如,在教材中设立文化专栏，在课外组织参观文化展览，举办英语文化主题讲座，或组织文化表演等。教师也可以将优秀的但是传播度不高的英语书籍介绍给学生，并以书中的文化知识为主题开展讨论、戏剧表演、知识竞赛等活动。这些活动都需要在教师的指导和监督下进行，以便活动真正实现英语文化教学的目的。

第三章 跨文化交际的影响因素

第一节 文化因素

在现实生活中，人们的言行举止都自觉或不自觉地遵守各自社会的风俗规范，都是特定社会群体价值观的真实写照。

交际离不开赖以生存的文化，赖以生存的文化必然在交际中产生制约作用。从跨文化交际的现实情况来看，影响交际的制约因素集中体现在三个方面：

第一，价值观念，这是文化特质的深层结构；

第二，民族性格，这是文化特质的外化表现；

第三，自然环境，这是文化特质的历史缘由。

一、价值观念

在跨文化交际研究中，价值观是一个至关重要的问题。对于价值观的概念，国外学者进行了富有启发性的探讨，下面是一些有代表性的诠释。

价值观是喜欢某种事态而不喜欢另一种事态的大致倾向；是个人或群体所特有的一种显性或隐性的认为什么是可取的观念，这一观念影响人们从现有的种种行动模式、方式和目的中做出选择；通常是规定性的，告诫人们什么是好的和坏的，什么是正确的和错误的，什么是真实的和虚假的，什么是正面的和反面的，等等。文化价值观确定什么是值得为之献身的，什么是值得保护的，什么会使人害怕，什么是应该学习的，什么是应该耻笑的，什么样的事件会使人团结起来。最重要的是文化价值观指导人们的看法和行为。

上述几种对价值观的诠释从简到繁，但说的却是一个道理。每一种文化都有其独特的一套系统，而价值观是它的核心。价值观告诉人们：什么行为是社会所期望的，什么行为是社会所唾弃的；应该爱什么，应该恨什么；什么是美的，什么是丑的；什么是好的，什么是坏的；什么是正常的，什么是荒谬的；什么是正义的，什么是非正义的。价值观看不见，摸不着，但它却无处不在，对人类的活动起着规定性或指令性的作用，是人们行为的规则、思维的方式、认知的准绳、处世的哲学、推理的模式、评价的依据、道德的标准。人们在不知不觉中通过交际习得这套价值系统，而这套价值系统则变成了人们的集体无意识，变成了人们的信仰、心态、行为、生活等诸方面的可评价系统，变成了人们民族性格的基石。价值观念这个词所包含的意思是多方面的，它既指一个人的处世态度，也包括一个人的信仰和爱好，抱负与追求，希望与恐惧，傲慢与偏见。然而，一个人内心的价值观念无论多么错综复杂，甚至自相矛盾，都无可避免地在他的生活方式中表现出来。在中国，虽然传统的价值观并未形成系统的理论，然而一种严密的、不可抗拒的价值取向牢牢扎根于人们的心中，坚如磐石，挥之不去。

二、民族的性格

以价值观念为基础的民族性格，是了解一个民族的文化和行为的重要方面。如果说价值观念是文化特质的深层结构，那么民族性格就是文化特质的外化表现。因此民族性格是可感知的行为特征，对交际行为有着直接的支配作用。那么，什么是民族性格呢？简单地说，民族性格就是指一个民族在对人、对事的态度和行为方式上所表现出来的心理特点，是一种总体的价值取向。性格的表现是心理特征，性格的根由来自态度取向。

（一）态度取向

态度可以理解为对人、对事的一种心理倾向，它决定人们是积极地、肯定地还是消极地、否定地对待某人、某事或某种行为。根据社会心理学家的研究，态度由认知、情感和意动三个范畴构成。也就是说，如果任何心理倾向在某种程度上具备了认知、情感和意动的内容，那么就形成了态度。尽管态度泛指主体对人或事物的一种心理倾向，但多数心理学家都把他们的研究重点集中在人们对待其他文化群体所持的态度方面，从而引导人们与不同文化群体的人们进行有效的跨文化交际。认知成分被概括为一个人对人或物的信念或真实知识；情感成分包括一个人对某些人或物的评价、爱好和情绪反应；意动成分则包括指向人或物的外显行为。

认知成分指人们对某种对象所持的思想、信念及知识。它是指人或物被感知到的方式，即在大脑中形成的心理映像。

情感成分指人们对某种对象在评价方面的反应，是带有主观爱好的情绪表现。在日常交际中，情感成分往往比认知成分更重要。有时交际双方可能有相类似的信息或共识，却在情绪上表现出对立。态度扎根于情感之中，而情感又具有执着的特点，所以一般来说相当稳定。

意动成分指人们对某种对象的行为意向，意动成分受认知和情感成分影响。如一个有民族中心主义倾向的人，会产生某种偏见，往往会歧视其他种族的人，产生排斥群体外成员的意向。

人们选择自己的态度，这完全是心理需求的结果，也就是说人的态度是为心理功能服务的。一些学者认为态度具有四种功能：

第一，功利实现功能，人们持有某种态度是因为可以得到某种利益。

第二，自我防御功能，人们通过某种态度来保护他们的自身利益和自我形象。

第三，价值表现功能，人们用态度来表示自尊，并肯定自我形象。

第四，客体认知功能，人们持有某种态度来证明他们拥有支配世界的知识。

（二）性格特征

民族性格的差异是显而易见的。学者们对民族性格的分析研究很多，然而看法并不完全一致。虽然民族性格是可以感知的，但要加以理性的、准确的概括不是件容易的事。从总体来看，学界对有些特征的看法还是比较一致的。

中国的民族性格比较突出地表现出如下一些特征：中庸恭谦，内敛含蓄；情感本位，和平宽厚；聪慧灵巧，机动权变；勤俭耐劳，安贫乐道；家庭至上，崇拜权威；具象思维，整体把握。

西方民族性格比较突出地表现出如下一些特征：自我奋斗，不信天命；相互独立，尊重隐私；讲究效率，勇于创新；不拘礼节，坦率真诚；平等、民主、自由；好动、善变、求异。

根据上述分析，中国的民族性格体现了以人生为核心的人文特质，即注重人与自然的和谐、人与人之间的和谐，体现了中华民族的民族精神。而西方人民对人生的探讨不像中国人那样感兴趣，他们偏重于追求世界的本体，关注的是怎样认识自然或客观世界，而不是怎样为人处世。从这一点看，中国民族性是入世的，而西方民族性是创世的。

不可否认的是，全球化的形势下，旧的观念开始受到挑战，中国人的民族性格也开始发生一些变化，这些挑战和变化体现在：

第一，在平等观念上，传统的结果均等的追求正在被机会均等的要求所代替；在个性独立上，人们开始对个人生活方式的过多关注和广泛干涉表示抵制。

第二，一些不合时宜的传统观念正在被抛弃，而勇于创新、开拓进取、公平竞争等新观念正在形成。

第三，社会期望由无为和依赖开始向有为和自主转化，其结果必然是主观能动性的激发，更加自重、自信、自立、自强。

总之，在新时代全球化背景下，传统观念在不同程度上受到了挑战。然而，还应认识到，不管变化有多大，传统观念的影响是不可忽视的，文化的底层具有相当的稳定性且文化自信的树立在跨文化交际中的地位越来越重要。

三、自然环境

（一）地理环境

地理环境包括一个民族所处的地理位置和气候条件。多数人类学家、社会学家都认为一个民族的地理环境对民族文化的形成起着决定性的作用，在经济不发达的古代社会尤其如此。文化和环境的关系，主要表现为地理环境在很大程度上决定了人们的生存方式、生产方式，进而决定人们的行为模式、社会规范。

（二）建筑风格

西方的哲人曾经说过：我们塑造了建筑物，建筑物也塑造了我们。事实确是这样，民族的建筑风格会受到它存在的文化的影响，同时反过来又影响着人们的生活方式和民族性格。

第二节 心理因素

一、思维方式

心理因素首先涉及思维方式，人们对客观世界的认知必须依赖于思维方式。当感知外界信息时，会对所感知的信息进行分析、推理、评价、综合等心理加工，通过对信息的加工来获取外界信息的意义。由于不同文化的人们对外界认知模式存在着差别，他们的思维方式也必然有所区别。思维与语言具有内在的联系，不同文化在思维方式方面的差异就会对交际行为产生直接影响。这种直接影响不但表现在语篇结构、编码方式、译码方式、交际风格等方面，而且会导致词法、句法的差异。因此，思维方式的差异无疑会使跨文化交际产生障碍或冲突。

学者们认为，认知模式的差别可能表现在思维活动时对环境的依赖程度方面。总的来讲，对环境的依赖可分为两种情况，一种是无领域依附，另一种是领域依附。通常认为无领域依附文化的人们具备更强的把某一组成部分从其整体中分离出来的能力，也就是说他们具有较强的解决具体问题的能力，能把某些组成成分从环境中离析出来并在具体环境中加以解决；而领域依附文化的人们具备更强的从整体上把握事物本质属性的能力，也就是说他们具有较强的统摄整体问题的能力，能领悟事物内部不同组成部分之间的辩证的、内在的有机联系。

当然，采用这种两元对立的方式来表示两种认知模式的差异是一种较为极端的做法，更合理的做法是把领域依附和无领域依附当作一个非离散的连续体的两端，这两端分别代表领域依附的整体式思维方式和无领域依附的分析式思维方式。因此两种思维方式的差异是相对的，有些文化的思维方式比较接近于领域依附范畴，而有些文化的思维方式则比较接近于无领域依附范畴。相对而言，东方文化的思维方式比较接近领域依附型，而西方文化的思维方式比较接近无领域依附型。

（一）整体思维与分析思维

1. 整体思维的特征

东方人以直觉的整体性与和谐的辩证性著称于世，这也是中国文化传统思维的主要特征，东方人的思维属于领域依附型的思维活动。

直觉的整体性是第一个特点。思维的整体性是指思维的对象、成果及运用思维成果对思维对象加以改造。中国人也习惯于把事物分为对立的两个方面，但这两个对立面被看成一个不可分割的整体，它们相互制约、相互依存。这就是典型的整体性思维，即整体地去认识自然并改造自然，认识世界并改造世界。因此中国传统文化中对人和自然界关系的认识是以天人合一为出发点的，人和自然的关系不是像西方文化那样被看成截然对立的主体和客体，而是处于统一的结构之中，天与人、阴与阳、精神与物质是不可分割的统一体。同样，在社会中人与人的关系方面，他们也习惯于把个人放在整个人际关系中去把握，强调人与人相互依存、相互作用。

中国传统文化思维的整体性是"直觉"的整体性。所谓"直觉"，就是通过下意识或潜意识活动而直接把握事物，明显的特点是对环境中的事物统而取之，进而产生悟性，得出结论。这种直接纳入人的经验的方式就是直觉思维，它不依靠逻辑思维推理，而是讲究思维中断时的突然领悟，即灵感或顿悟。中国人认为，凭直觉觉察到的东西是最实在的东西，因此中国人在处理问题时，很相信车到山前必有路，船到桥头自会直，敢于摸着石头过河。

和谐的辩证性是第二个特点。追求和谐的辩证，即追求公允、协调、平衡和稳定。辩证是指思维过程中善于发现事物的对立，并在对立中把握统一，从而达到整体系统的平衡。和谐是指中国人善于把握对立中的统一、统一中的对立，从而达到和谐。

2. 分析思维的特征

西方的思维模式以逻辑、分析、线性为特点，这是一种无领域依附型的思维活动。西方人注重内在的差别和对立，寻求世界的对立，进行"非此即彼"式的推理判断。西方近代哲学明确地把主体与客体对立起来，以主客二分作为哲学的主导原则。这一原则深刻地影响着近代哲学家，成为认识论的一个基本模式。分析性思维明确区分主体与客体、人与自然、精神与物质、思维与存在、灵魂与肉体、现象与本质，并把两者分离、对立起来，分别对这个二元世界进行深入的分析研究。

分析性思维把整体分解为部分，加以分门别类，把复杂的现象和事物分解为具体的细节或简单的要素，然后深入考察各部分、各细节、各要素在整体中的性质、地位、作用和联系，从而了解其特殊本质。为了解整体及其要素的因果关系，必须把各部分、各细节、各要素割裂开来，抽取出来，孤立起来，因而分析具有孤立、静止、片面的特征。西方人的思维就具有这种典型特征，他们强调以经验和事实为依据，看重观察和分析的方式，热衷于收集资料和数据，是典型的"归纳法"和"实证主义"。对西方人来讲，世界是由事实而不是概念组成的。他们的思维是归纳式的，由事实开始向理论发展。然而，从具体到抽象理论的过程很少是一个完全成功的过程，因为西方人总是希望重新证实他们的理论。所以他们凡事特别喜欢问为什么，就是要人提供数据、事实、理由或证据。

3. 中西方思维方式的差异

中西方思维方式的差异表现在很多方面。比如中医讲究人体的阴阳协调，注重整体的系统性，持有全息观点，通过脉象、舌苔、脸色等观察身体状况，善用针灸点刺穴位来治疗疾病，开出的药方也是众药调和；西医却通过医学指标、化验手段和专用仪器检查身体，就事论事对病变的某个部位进行直接的有效治疗。又比如中国传统国画，浓墨淡彩，讲究意境，属于写意一派，追求神似；西方传统油画，形象生动，栩栩如生，属于写实风格，追求形似。再比如中国烹调讲究五味调和，色、香、味俱全，荤素搭配，汤食协调；西方饮食较为单一，注重营养结构，食物分而食之，却没有中国烹调那么多讲究。中国人看问题习惯从整体到局部，由大到小，先全面考虑，之后缩小范围，考虑具体细节；而西方人则相反。这在汉语和英语的时空表述上表现得最为透彻。

（二）具象思维与抽象思维

1. 具象思维与抽象思维的特征

从思维的结构分析，整体思维倾向于具象的思维模式，即人们以经验为基础，通过由此及彼的类别联系和意义来沟通人与人、人与物、人与社会，进而达到协同效应。具象思维由类比、比喻和象征等思维方式组成。抽象思维，通常也叫作逻辑思维，是以概念、判断、推理作为思维的形式，再通过分析、综合、抽象、概括、比较、分类等途径加以系统化、精确化，并形成相关体系。从本质上看，不同民族都具有以上两种不同的思维方式，但由于历史和文化等原因，不同民族会有不同的侧重和选择。从总体上看，传统中国文化思维具有较强的具象性，而西方文化思维则具有较强的抽象性。

中国人的思维偏重具象性，习惯于以实的形式表示虚的概念，以具体的形象表达抽象的内容；习惯于用具体的事物进行类比的联想，把事物的相关属性联系起来，从而形成一个完整的认识。思维之中的逻辑性联系可以不很明显，只要有相关性，就可建立联想。通常也不需要准确定义的概念、严格程序的推理，象征的意味较为浓重，思维的结果也以整体性感悟为归宿，不必条分缕析，追求精确。具象思维所依托的是类比、比喻、象征等思维过程，在性质上它们都属于同一范畴。比喻是类比的一种表现形式；象征是比喻的一种表现形式，三者都以经验和具象为基础，都是借助于某种事物的具体形象来阐明抽象的概念。

西方人的思维偏重抽象性。这种思维方式的特征主要体现在三个方面：

第一，它以第二信号（语言、文字、数字、符号）作为思想或思维的工具。

第二，它以各种概念、判断和推理作为思维形式。

第三，它以分析、综合、抽象、概括、比较、分类、系统化作为思维的基本过程。

抽象思维之所以抽象是因为它以语言这种抽象符号作为思维工具。经过抽象思维得出的原理、法则、定律等被应用到广泛的范围。西方文化偏爱的抽象思维是通过归纳法表现出来的。

2. 两种思维方式在语言上的表现

不同的思维方式在语言上表现出不同的倾向：汉语重语义，英语重结构；汉语形象化、隐喻性较强，英语抽象化、逻辑性较强。以冷静的逻辑论证阐明主题，条分缕析，说服力强。如同样论学习的重要性：《劝学》与《论求知》都是论述学习，但说理的方式截然不同。《劝学》多用比喻论证和正反论证，不直接点明主旨，读后仔细思考，意义深刻。而《论求知》用的是陈述分析法，以冷静的逻辑论证阐明主题，条分缕析，说服力强。

二、心理环境

心理环境是指人这一主体对客体环境的认知、态度以及如何利用环境等心理状态。从跨文化交际来说，集中体现在隐私这一概念上。隐私与客观环境的关系十分密切，它涉及人们如何对待和利用环境因素，如何控制和调节与他人的交往。有的学者认为，从本质上来看，隐私是人们允许接触某一自我或群体的选择性的控制机制。这样隐私就成了一种与人交往的选择性控制机制，它制约着与谁交往和不与谁交往，制约着在什么时候以及什么地方与人交往，制约着同别人交往到什么程度。

尽管在某些文化中没有隐私这一概念，但这并不意味着这些文化中的成员没有隐私可言。隐私是一种普遍现象，只是它在表现方式和程度上有所不同。有的文化通过物理环境调节或保护隐私，有的文化则依靠心理机制调节或保护隐私。隐私可以大至群体利益的保护，也可小到个人的私事和隐情。西方学者一般把隐私分为四种情况：

第一，隐居，即与外界隔绝。

第二，匿名，即不期望被他人识别。

第三，亲密度，即只向亲密朋友或知己泄露隐私。

第四，自我保护，即指一种心理自我保护以防止不必要的骚扰。

上述四种隐私在任何一种文化中都有所表现，只不过在不同文化中的侧重点有所不同而已。

第三节　社会因素

有效的交际不仅依赖于对文化背景的认识，也依赖于对社会环境的认识，而社会环境对交际来说实际上就是广义的"交际情景"。因为语码（语言和非语言符号）的使用受制于交际情景，交际情景中的各种社会因素决定谁、在什么时候、在什么地方、说什么、怎样说、对谁说、为何目的等。社会语言学家对此有过这样的论述：语言把周围和内心世界的无限纷繁复杂的现象、事件和行为，各自的意识过程等压缩成可控制的不同的范畴。语言的社会功能还在于表达作为说话人对言语情景的参与，表达自己所承担或强加给他人的角色，表达希望、情感、态度和评价等。

一、角色关系与跨文化交际

（一）角色概念

角色这一概念是从戏剧术语中引进社会学领域中来的。演员的舞台行为必须遵循剧本中对角色的具体要求，它绝不是演员根据本人意愿决定的。那么社会角色就是某一特定社会群体对某一特定社会身份的行为的期望，人们的社会交往从方式到内容都在不同程度上取决于人们的角色关系。编码、译码过程不仅依靠语码本身，还依靠诸如社会身份、角色关系、交际场景等因素，这就是为什么社会语言学家经常说角色和情景是社会建筑的基石。社会是由人际关系组成的，这些关系规定了社会角色，每一个社会成员都不得不承担某种社会角色。人们通过语言和行为来扮演和完成各自的社会角色，同时又通过角色来预测别人的行为。

在这些人际交往中，人必须按社会对这些角色的期望去行事，去说话，去与人交往。人置身于纷繁复杂的角色关系的网络之中，并被要求通过交际去担任各种各样的角色，诸如教师、学生、父亲、母亲、子女、领导、群众、商家、顾客、医生、病人等，必须在不同场合、不同时间，根据不同社会关系、不同谈话内容遵守不同的规则。如果人的行为不符合社会对担任的角色的期望，不符合社会规范，那么人的行为就不会被社会所接受，将会受到冷落、受到疏远或受到排斥。

当置身于一个不同的文化环境中时，人应按照这种文化的社会期望和社会规范扮演每一个人所必须扮演的角色，按其角色去做事、说话和交往，否则就不能取得预期的交际目的。那么如何判断角色在交际中是否达到了某一社会期望呢？通常归结到三点：

第一，人的行为是否符合被赋予的社会角色，即人是否选择了准确的角色。

第二，角色表现是否恰当，即人的行为是否已达到有关文化评价的规范或标准。

第三，行为是否令人信服，即是否使人毫无疑问地认为人已合情合理地进入了角色。

显然被认为是恰当的、合情合理的行为标准因文化而异，社会角色是社会活动的必要的个人行为方式，它必然带有社会评价的痕迹。社会可以认可、赞同，也可以不认可、不赞同。值得注意的是，角色具有使人们的行为规范化的作用，这种期望规定了社会成员的权利、义务和行为模式。如果社会成员反其道而行之，就会因失范而受到不同的惩罚。

（二）角色关系

1. 角色关系的社会类型

影响交际的社会因素很多，其中最重要的恐怕是交际者的社会地位。社会地位可能是差序或垂直的，也可能是平等或平行的。日常交往的情景纷繁复杂，社会角色多种多样，社会关系也各式各样。社会语言学家把形形色色的关系概括为普遍存在的"权势"和"一致性"关系。"权势"通常指上下关系、尊卑关系，也可能以年龄长幼、职业差别、受教育程度高低等情况来确定；"一致性"则指人与人之间平等的关系，通常指社会特征（性别、年龄、种族、家乡、职业、宗教、志趣等）的共同性，也可能彼此经验共享、关系亲密等。"权势"关系是不平等的关系，是不能互换的；"一致性"关系是平等的关系，是可以互换的。语言学家已经证明，语言就是"权势"和"一致性"关系的标志。通常较正式的语体标志着交际双方社会地位有差异，而比较随便的语体则标志着双方可能比较亲密或者志趣相投等。

角色关系为交际者在交际过程中理解彼此的信息提供参照系，即起到背景的作用。不同文化背景的人们交际时，需要了解对方的角色，并对行为的社会期望有所了解，这样才能保证交际的有效进行。在交际过程中，交际者可以通过角色关系预测对方的行为，这就是角色可能起到的预测作用。角色的这种作用当然是社会期望对角色行为的规范作用所决定的，因为社会期望为角色制定了行为的规范。

2. 角色关系的文化差异

角色关系对跨文化交际有着特殊的意义，因为角色关系对交际的影响可能因文化而异，相同的角色关系可能要求不同的行为。对跨文化交际来讲，不同文化可能有不同的方式来标志"权势"和"一致性"关系，对其解释也因文化而异。在面对面的交往中，有的文化可能受其差序格局的社会结构的影响，偏向"权势"性关系；而有的文化可能正相反，偏向"一致性"关系。

（三）角色关系的变量

1. 个性化的表现程度

由于文化的差异，不同社会中人们在角色关系处理中的个性化表现可能很强，也可能很弱。角色关系中个性化程度的差异取决于当事人是处在"强交际环境"还是处在"弱交际环境"之中。相对而言，处在"强交际环境"的人们，由于对环境因素较为敏感，他们习惯于把个人和环境因素当作一个整体，对自己和对别人总是做整体式估价。他们不论与谁交往，总把对方看作有理智、有感情、有血有肉的完整的人，其次才从对方的社会角色考虑。因此，他们与他人交往时"个性化"的表现程度较高。而处于"弱交际环境"的人们则不然，他们对环境因素不敏感，往往把个人和其所处的环境分开，把个人的角色行为和其所具有的感情分别对待，他们习惯以自己或有关人的社会角色以及对其的社会期望为依据，很少考虑情感因素，因此他们对客观事物或人的行为态度倾向于非个性化，或个性化程度较低。

2. 偏离角色行为的允许程度

在任何文化中，人们处理角色关系时，实际角色行为和理想的角色行为之间总是存在着差距。人们对偏离理想角色行为的允许程度因文化不同而有所区别，有些文化对人们的角色行为偏离的允许程度较高，而有些文化对其角色行为偏离的允许程度较低。通常认为，对具有较"宽松"的社会结构的社会来讲，人们交往中的社会角色行为与理想角色行为之间允许有较大程度的偏离；而具有较"严格"的社会结构的社会，人们交往中的社会角色行为与理想角色行为之间不允许有较大程度的偏离。正因为如此，"严格"的社会结构中人们的角色行为的可预测性，要大于较为"宽松"的社会结构中人们的角色行为。"严格"和"宽松"的社会结构概念可能与"强交际环境"和"弱交际环境"的概念相对应。因为"强交际环境"的文化中，相对多的信息寓于环境之中，而相对少的信息寓于语码之中，这样交际行为必须与环境期望保持一致，其可偏离理想角色行为的程度自然很低，对其可预测性则相对增大。反之，在"弱交际环境"之中，相对多的信息存在于语码之中，而环境因素对角色交际行为的制约相对较弱，因此人们的角色行为的偏离程度自然较高，对其可预测性也就相对降低。事实证明，较为"宽松"的社会结构往往属于"弱交际环境"范畴，而较为"严格"的社会结构往往属于"强交际环境"范畴，其角色交际行为则因之而异。

二、人际关系与跨文化交际

（一）人际关系及其制约因素

1. 人际关系

（1）人际关系的属性

跨文化交际所涉及的另一个重要社会环境因素是人际关系。顾名思义，人际关系就是人与人之间的关系。人际关系是极为普遍的社会现象，是社会中每个个体成员生存和发展的基础，也是社会得以生存和发展的基础。人际关系是通过交际实现和完成的，但实现某种关系的交际方式会因文化不同而有所区别。因此，对研究与人际关系极为密切的跨文化交际来讲，它的重要性是不言而喻的。

人际关系本质上是人与人之间心理上的关系，是指人们通过交际活动所产生的心理接触，即心理距离。人际关系不同于角色关系。人际关系是心理学的概念，体现的是人际间心理距离的疏密程度；而角色关系是社会学的概念，体现的是人际间社会距离的权势和一致性关系。当然，两者的关系十分密切。

人们在社会交往中建立起各种不同的关系，有亲密关系、疏远关系甚至敌对关系，这些关系都是心理距离，统称为人际关系。人与人之间的关系越近，双方就越会心心相印、肝胆相照，如同一个家庭中的兄弟姐妹，亲如手足、情感交融、无话不谈。如果彼此交往关系不深，共同语言不多，那么心理距离就比较大，关系处理就会不冷不热。如果彼此有成见，相互有矛盾，或发生过冲突，交往自然就疏远了，甚至老死不相往来。

（2）人际关系的类型

社会中的人际关系纷繁复杂，多种多样。总体上看，存在血缘关系、地缘关系、业缘关系和政治关系。血缘关系是人们不可选择的，是先天决定的，主要指亲属关系；地缘关系是由人们所处的地理位置或空间位置决定的，邻里和老乡就属于这种关系；业缘关系是指工作或职业环境中形成的关系，同事、同学、战友、朋友以及上下级就属于这种关系；政治关系是指政治上的领导与被领导的关系。有些学者把人际关系概括为"五同"，即同宗（血缘关系）、同里（地缘关系）、同学、同事、同好（这三者都属于业缘关系）。从理论上来说，每一个人都生存于这样一张社会人际关系的"网"中，而这张人际关系网中的任何一个节点都是与人有关系的另一个人，这个人也置身在属于他的一张人际关系网中。由此类推，网套网，网联网，这张人际关系的网就会无限延伸，变得无限广大。因此有人说，只要人愿意，人可以通过人的关系网与世界上任何一个人发生联系，包括名人、明星、政要、权威、专家等。事实上这不是臆想，而是完全有可能发生的事实。

人际关系是人们赖以生存的最重要的因素之一，任何一个人都必须生存在这样一张社会人际关系网中，这就是所谓的人脉。人脉能使人有一种社会归属感，能满足人情感宣泄的需求，能在人发生挫折、遇到困难时给人以有力的支撑。当一个人孤立无援时，会产生情感压抑，性格变异，乃至心理变态。在实际生活中也多少有过这样的经历：当人独处时间久了，就会感到抑郁；当人在山林中独自迷路了，就会感到恐惧；海难发生后，人侥幸漂到一个荒凉的孤岛，就会觉得绝望；由于种种原因人在单位里陷入孤立，就会产生一种莫名的紧张。诸如此类的情景都充分说明人际关系对一个人生存、发展的重要性。就这一点来说，中西方文化都是一样的，只不过各自的表现方式不同而已。

2. 制约人际关系的因素

制约人际关系的因素主要有文化因素、社会因素、心理因素和地理因素。由于不同文化的人们在社会化的过程中习得了不同的价值观念、不同的认知方式、不同的行为规范等，因此不同文化间的人际关系的基本原则和处理方式会迥然有别。

（1）文化因素

文化主要包括价值观念以及一系列的角色规范。

（2）心理因素

心理因素指交际个体的性格、态度、能力等因素。从性格的角度看，外向性格的人要比内向性格的人善于交际。比如，随着经济的腾飞、国际地位的提高，每逢国际性的群众活动，如旅游节、文化节、艺术节以及重大体育赛事，为了营造氛围，现在也提倡群众狂欢。

（3）地理因素

地理因素指一个国家、民族所处的自然环境。由于地域环境是培育特定文化的"摇篮"，当然对人际关系的作用也是十分重要的。可以说地理因素是造就不同文化的"根"。

（二）人际关系取向及其类型

1. 人际关系取向的文化类型

不同的国家和民族以自己的独特方式构建社会、文化的差异形成社会结构的差异，必然导致人际关系取向方面的差异。对人际关系取向分类也和对其他事物的分类一样，研究的角度不同，采用的标准不同，分类的结果也不同。有的学者把人际关系分成可选择型和不可选择型，如父母与子女的关系是不可选择的，而其他关系是可选择的；有的学者把人际关系分为长期型和短期型，如夫妻关系是长期的，而演员和观众的关系则是短期的；有的学者根据血缘、地缘和业缘对人际关系进行分类，如亲属关系是血缘的，邻里关系是地缘的，同事关系是业缘的。任何社会都会有以上提及的各种类型的人际关系，只是不同的社会可能在类型选择时侧重点不同而已。从跨文化交际的角度来看，中西方学者比较一致的看法是把人际关系取向分为工具型、情感型和混合型三种类型。因此，就以工具型、情感型和混合型关系为基础，对人际关系取向及其类型进行分析。

（1）工具型人际关系取向

这是人们在交往时为达到某一目的或获取某种利益所建立起来的一种关系。这种关系不同于情感关系，情感关系的建立本身就是目的，而工具型的关系只是人们为了达到某一目的而采取的一种手段而已。一般来说，工具型关系是一种非个人化、非情感化的关系，显得理智而直率，因而表现出短暂、不牢固、不稳定的特征。

（2）情感型人际关系取向

这是在亲朋好友之间的关系基础上延伸、发展起来的关系。在交往中，人们相互依存、相互满足包括情感在内的各种需求。交往双方表现出信任、亲和、重情重义的态度以达到物质、精神及情感方面的共享。一般来说，亲朋好友或同一群体之间所存在的情感关系较为持久、牢固和稳定。但由于情感关系和其他关系往往会产生矛盾，这就可能产生亲情困境，或造成情感危机。

（3）混合型人际关系取向

这是一种既有情感性又有工具性的混合式人际关系模式。交往双方彼此认识而且具有一定程度的情感关系，但其情感又没有深厚到可以随意表现出真诚行为的程度。一般而言，这类关系可能包括亲戚、邻居、熟人，或相处较融洽的同事、同学、同行、客户，还可能是交往双方共同认识的第三者。这是一种最典型、最普遍的人际关系类型，彼此认识的一群人，构成一张张不同的人际关系网，构成了自身生存、发展的社会生态环境。从旁观者角度看，一个人可能同时涉入几个不同的群体中，置身于数张不同的关系网内；从当事者的角度看，每个人都以自己为中心而编织其独特的关系网。这种人际关系的存在及其是否能持久，取决于人与人之间的人情往来，因此维系这种关系的准则可以称之为"人情"准则。

2. 人际关系取向的比较分析

（1）中国社会的人际关系取向

如果用以上三种人际关系取向类型来审视不同文化的选择，那么东西方的差异是显而易见的。相对而言，中国社会的人际关系偏向于情感型关系和混合型关系。其中情感型关系是人际关系的底层，对中国人来说，这是满足情感的基本需求；混合型关系是人际关系的上层，对中国人来说，这是生存、发展的基本条件。

（2）西方社会的人际关系取向

西方社会的人际关系以工具型为主要取向，在人际交往中他们很少顾及人情、面子，常常是公事公办、不讲情面。在交易时这种关系惯常以公平交易为准则，按法则办事，即使是亲朋好友也要人和事两清，即把人情和事情分得清清楚楚。在公务处理上，不受感情驾驭，而以客观法则为准，对事不对人、公私分明。

第四章 跨文化交际与英语教学的融合

第一节 跨文化交际与英语教学概述

英语语言文化是教学内容的重要组成部分，跨文化语言交际能力在英语教学中具有十分重要的意义。英语教学不能只停留在传授机械的语言知识的层面，而是要深入研究英语的语言文化背景，培养学生的思维探究能力和语言应用能力，不断提高学生跨文化交际的能力。教育注重培养的是全方面发展的高素质文化精英，因此，在英语教学过程中，教师要树立理论与实践相结合的教学理念，在打好语言知识基础的前提条件下，注重培养学生英语语言的实际应用能力，不断提高英语教学的效果和水平。

一、关于交际能力

语言交际能力包括语法能力，即语音、词汇、语法等语言知识；社会语言学能力，即语言使用的社会规则和话语使用方式；会话能力，即超出句子层面的语篇交际能力；应变能力，即语言和非语言的交际能力。语言交际能力模式，比较贴近语言教学实际，但似乎没有超脱母语教学的范围，与以不同的文化背景为特征的第二语言教学的要求仍有一定的距离。外语能力学习中已将文化教学列入交际能力的内容，交际能力应包括下列五方面的内容：

第一，语言指掌握语法知识。

第二，功能指运用听说读写四个方面的能力。

第三，语境指选择与所处语境、话语场所相适应的话语。

第四，交际者之间的关系：根据对方的身份、地位、社会距离，说出合乎自己身份的话语。

第五，社会文化知识，语言是一种"社会实践"。

这其中后三个方面综合起来就是一点：语言得体性。也就是说，学生在语言能力方面，应掌握扎实、宽泛的语言知识和言语技能，熟悉语言结构和语言单位所隐含的民族文化成分；在语用方面，能够识别所学语言文化特有的语言和非语言行为，并能解释其功能，具备超越句子的篇章交际能力，懂得不同语境中语言使用的社会规则和话语使用方式，了解不同语言行为的民族文化定式，熟悉话语的文化背景和文化契约；在行为能力方面，了解不同社会背景人的语言特征，并能用适当言语行为和非言语行为表达不同的人际关系，熟悉不同社会环境的语言行为习惯和方式，并能主动适应不同的语言行为习惯和方式。

交际能力的培养就是使学习者掌握在与对方交流中，根据话题、语境、文化背景讲出得体、恰当的话。这种能力反映出学习者对该语言所代表文化的了解程度。语言得体性离不开社会文化知识。文化语言学研究表明，语言中储存了一个民族所有的社会生活经验，反映了该民族文化的全部特征。学习者在习得一种民族语言的同时，也就是在学习该民族的文化。所以，语言和交际不可能脱离文化而单独存在。

二、文化教学的概念

文化教学概念的提出，理论上源于人们对语言功能的新认识和语言与文化关系研究的新成果，借鉴了国外一些新的教学理念和方法，是教学思想、教学观念、教学内容和教学方法的一次新的飞跃，标志着英语教学进入由传统模式向现代化教学模式转变的新阶段。英语跨文化交际学所指的文化教学的主要内容概括为以下几个方面：在教授语言的同时结合语境和文化背景、文化内涵教学；分析学生由于文化因素干扰造成的语言错误，从而提高学生对文化的敏感性，使他们认识到跨文化交际绝不只是掌握语言形式就能顺利完成的；开设所学语言国家的历史、文学、概况等课程，系统地传授知识文化；开设语言国情学、语言与文化、跨文化交际学等课程，从理论上提高学生的跨文化交际能力。

应该说文化教学是针对传统教学模式中只注重语言本身和语言教学的弊端和危害而言的，是英语教学的一部分，文化教学不能脱离语言教学本身。文化教学应该是英语教学的基本原则，是英语教学的有效手段、重要内容和主要方法。

三、文化教学的作用

由于语言和文化是不可分割的,在教学中渗入文化是十分必要的,特别是教师可以利用现代的多媒体教学手段,向学生传递丰富多彩的文化知识,通过教学双方的共同努力,可以对学生和教学效果产生双重效应。

(一)文化教学可以优化学生的知识结构

不同的言语表达形式受所学语言国人文、地理、历史、社会制度、生活方式、风土人情、社会传统、民族风俗、言语礼节以及民族心理、伦理道德、行为规范、传统观念等一系列知识的影响,相同的概念会有许多不同的表达形式。在教学中通过文化分析可以优化学生的知识结构,使学生具有知识比较能力。

(二)文化教学可以优化学生的能力结构

跨文化交际的成功有赖于对不同文化模式的了解。文化教学致力于揭示英语教学中的交际文化,必然会涉及不同的语言结构、认知和交际知识,以及身势语、社交礼仪、交际环境、交际方法、交际态度等方面的非语言文化知识。这无疑能促进学生英语应用能力的提高,避免或减少跨文化交际失误,解决说什么、怎么说的问题。

(三)文化教学可以提高学生的社会文化敏悟力

文化敏悟力指的是透过语言的外表,对语言深层次结构的综合理解能力,在英语教学中属于背景知识的范畴。英语教学的目的是培养学生的跨文化交际能力,而文化敏悟力本身就是一种交际能力。跨文化交际的敏悟力的提高可以分为四个阶段,首先是产生好奇心;其次是与本民族文化比较,意识到一些难以想象或不合道理的细微复杂的文化特点;再次是在此基础上,通过理性分析认为这些文化特点是可信的;最后通过与本民族文化的比较,体会和了解这一文化,并学会在适当的场合运用这一文化。教师应鼓励学生通过读外国文学著作,看外国电影和纪录片等方式了解世界各国的风土人情。在课上和课外,教师要有目的地组织文化观大讨论,进行不同文化、风俗、习惯的比较,让学生产生文化比较的意识。

(四)文化教学可以激发学生的学习兴趣

学生是否能学好英语,兴趣是一个重要的因素。因为有了学习的兴趣才会有学习的动力，才能激发学习的主动性和能动性，让学生充分发掘、发挥自身的能力。文化教学无论在方法上还是在理论上都有别于传统的语言教学。其中最显著的特点是不局限于对语言材料做机械的、枯燥的解词释义，即就词讲词或就语法讲语法，而是通过语言看文化，通过语言文化的比较了解不同民族的生活习惯和不同的语言特点，使教学内容由原来的枯燥、单一转向丰富、生动，从而引起学生探索语言的热情。

四、交际能力与文化教学的关系

交际能力与交际环境和文化之间的关系是密切相连的，但不同文化的成员对于交际行为会做出不同的解释。简单地讲，交际能力就是要有与他人进行有益对话的能力，有与陌生人交往的能力；有处理与别人交际时出现的误解的能力；有适应不同文化、不同交际风格的能力；具有建立和维护人际关系的能力和准确理解别人情感的能力；有与别人有效合作的能力和情感同化的能力；有与不同社会风俗和行为方式的人进行成功交际的能力，等等。

英语教学的根本目的就是为了实现跨文化交际，就是为了与不同文化背景的人进行交流。全面提高英语教学的效率和质量，大幅度地提高学生的英语应用能力，既是中国国民经济发展的迫切需要，同时也是新世纪中国高等教育的一项紧迫任务。为了实现这个目标，需要正确认识到英语教学是跨文化教学的一环，将语言看作是与文化、社会密不可分的一个整体，并在教学大纲、教材、课堂教学、语言测试全面反映出来。跨文化交际者不能仅仅只掌握有关文化差异和文化标准方面的知识，因为该知识尚不能保证在具体的相互交际过程中从陌生的表达方式里识别出不同文化差异和文化标准，而且要满足语言和交际互动方面的要求，这些要求将受心理和外语水平制约的能力结合在一起。

第一，认识到人的思维和行为举止，特别是交际行为对文化特定的认知图式的依赖性。

第二，认识到自己的思维和行为举止，特别是交际行为对文化的依赖性（打破那种将己方文化视为理所当然的标准的态度）。

第三，解说异域文化视角的能力和意愿。

第四，掌握有关不同的交际风格的知识以及在交际互动中识别这些风格的能力。

第五，掌握人际交往的基本原则，特别是有关减少无把握现象、为交际对方的人品定性和形成刻板形式的机制。

第六，掌握以有限的语言手段成功开展交际的策略。

第七，掌握根据文化差异以及对交际行为影响作用的知识来识别和分析误解的策略。

第八，有意识地使用通用交际语言。

第九，语言学习者有效的行为举止。

第十，掌握避免和澄清交际误解的策略。

这些条件重点强调的是交际、外语和互动的能力，并且注意到了每一种跨文化情境的过程特征。通过对比分析而获得的不同期望值、言语行为和取向在具体的互动交际过程中会引发出一种独立的能动性，这一能动性会赋予交际一种无法仅仅根据文化差异来解释的性质，只有通过对交际参与者的相互作用才能做出解释。

在英语教学中，文化教学是一种特有的形式，是一种教学手段，它不是教学本体而是教学辅助。英语教学和文化教学之间的关系应该具有同步性、互补性和兼容性。所以，在英语教学中体现文化教学可以优化学生的知识结构，通过语言学习所学语言国家的人文、历史、地理、政治、经济、教育、社会制度、生活方式、风土人情、社会传统、民族风俗礼节以及民族心理、伦理道德、行为规范、价值观念等一系列的知识，从而丰富学生的知识，激发学生的求知欲。

五、英语教学引入跨文化交际的必要性

（一）英语教学和跨文化交际

英语教学的最终目的是使学生运用所学的语言进行交际；跨文化交际既是英语教学的目的，也是英语教学的手段。在英语教学中应体现交际性，不但要传授语言结构知识，而且要将语言结构运用到一定的交际情景中。语言首先是一种社会实践，交际能力应包括语言、功能、语境和交际者之间的关系。语言指掌握语法知识；功能指运用听、说、读、写四方面的能力；语境指选择与所处语境、话语场合相适应的话语；交际者之间的关系是指

根据对方的身份、地位、社会距离，说出合乎自己身份的话语。这其中后三个方面综合起来就是语言交际得体性。交际能力的培养就是使学生掌握在与对方交流中，根据话题、语境、文化背景讲出得体恰当的话语的能力。因此，在英语教学中，跨文化因素的导入能够使学生更清楚地认识到英语的结构和本质，能够预测、解释、改正和消除母语对英语学习可能产生的错误，极大地提高英语教学的效果。

（二）语言教学和文化教学

语言是文化的一部分，是一种民族文化的表现与承载形式；文化是语言的底蕴。人类通过语言沟通彼此的思想和感情；同时，语言也存储了前人的劳动和生活经验，记录着民族的历史，反映着民族的经济生活，透视出民族的文化心态，蕴含着民族的思维方式，是文化的载体和结晶。可以用已经用以定义文化的完全相同的措辞来定义语言。它包括一个人想要理解的一切，以便能够以一种他们可以接受的与他们自己的方式相对应的方式，与其他语言使用者进行像他们彼此间那样进行的充分交流。从这个意义上来说，一个社会的语言是其文化的一个方面。人类在创造文化的过程中必须交流思想、协调行动。而语言则是人类最主要的交际工具。与此同时，语言作为思想的直接现实，又是信息和知识的载体。

一个民族各层次的文化必然会在这个民族所说的语言上留有印记，由此体现了语言的文化载储功能。而文化作为语言表现的基本内容，制约着语言的形式，不断地将自己的精髓注入语言之中，丰富和更新着语言的文化内涵。语言是随着民族的发展而发展的，语言是社会民族文化的一个组成部分，两者密不可分。世界上不存在脱离语言的文化，也不存在脱离特定文化背景和内涵的语言。因此，不了解文化就无法真正学好该种语言。

（三）语言能力和交际能力

从广泛意义上来说，交际能力包括语言能力和语用能力。交际能力是语言的构成规则和语言的使用规则在一定情景中的具体运用，作为交际工具的语言不能成为脱离交际活动实践的绝对自足的封闭系统，交际能力的培养必须建立在语言能力的基础之上。在狭义上来看，语言能力也不是指自说自话，它既指规范语言本身，又指规范语言的合理应用。

交际能力正是语言的基本结构在语境中的复现，它使语言知识在语境中得以应用。

（四）语言、文化与交际三位一体的关系

文化被视为信仰、价值观、风俗和行为举止的一个共享体系。人们用其与他人和世界交流，并通过学习的方式将其传承。这就说明，文化由共享的行为模式（交际）和意义系统（语言）组成。另一种观点则认为，文化包括物质实体、价值观、行为模式等要素。文化是一个社会成员共同拥有、所思考和所做的一切。也就是说，语言和交际是文化的一部分，即语言、交际和文化是不可分割的一个整体。

在由语言、文化与交际共同构成的人类活动体系中，语言是重要的交际模式。文化是交际依存的环境，交际是信息传递的过程。交际不仅传递思想内容，而且传递有关交际双方之间关系的信息。主要是通过语言传递，后者往往是通过语言手段传递，在整个交际过程中，语境起着非常重要的作用。语境包括两方面：地理位置和周围布置等客观环境、场合特点和人际关系等社会文化环境。这些环境因素不仅直接影响语言的使用和非语言行为，而且对所传递信息的感知和理解也产生影响。而环境本身蕴含丰富的文化内容，来自不同文化背景的人会对相同的客观环境和社会文化环境持有完全不同的理解，因此可以说，文化决定着语言和交际。

语言的使用反映了人们的价值观念、生活方式和思维习惯，而社会文化的发展变化是语言赖以生存和发展的基础，交际则是联系语言和文化的纽带。因此语言、文化与交际之间是一种水乳交融、不可分割的三位一体的关系。

第二节 跨文化交际能力与英语教学

一、跨文化交际能力与英语教学融合的背景

跨文化交际能力的培养已成为国内外英语教育界广泛关注的课题。外语类专业本科教学质量国家标准明确了跨文化交际能力在英语教学和英语专业教学中的重要地位和发展路径，为全国下一步教学改革指明了方向。语言作为文化的载体，英语教学的过程在某种程度上，也是跨文化交际能力的培养过程。但在教学操作层面，语言技能与跨文化交际能力

的结合仍然碎片化，缺乏系统性。目前，英语课程体系内，有单独开设的跨文化交际课程。但对语言学习的关注不够，也有涉猎跨文化交际内容的英语技能课，但将英语技能与跨文化交际技能有机融合的课堂教学实践却不多。跨文化教育指南明确指出跨文化教育不是一门独立的、新增加的学校课程，它的理念应该融入学校的教育体制和各门课程的教学，尤其是英语教学在其中发挥着非常重要的作用。有鉴于此，英语课堂作为培养跨文化交际能力的重要场所，践行跨文化交际能力培养目标的一条切实有效途径就是将跨文化交际有机融入英语教学，通过设计、实施、检验有针对性的教学目标和任务，实现学生语言能力和跨文化交际能力的同步发展。

二、跨文化交际能力与英语教学融合的原则

跨文化交际能力与英语教学融合应当遵循以下的原则：相关性原则，跨文化交际的目的是提升学生的英语能力，尤其是提升其英语交际能力，因此相关的培养工作都应当将教材内容和日常交际衔接在一起，激发学生学习语言和文化的兴趣，在实景教学中提高学生的文化内涵；适度性原则，英语教学任务开展应当重视学生的学习能力，保持跨文化交际的适度性，增强英语交际的针对性，避免由于教学难度过高引起学生的抵触情绪；综合性原则，跨文化交际能力涉及多学科的内容，这就需要学生完成学科间的穿插学习，把所学的知识和英语结合在一起，完成各类知识归纳总结；实践性原则，在英语教学跨文化交际过程中，教师要引导学生把英语应用到实践中，在实践中提升学生的英语应用能力，跨文化交际不能仅仅从书本中学习知识，更应当融入真实场景中，在动态真实的背景下获得体验和训练；系统性原则，跨文化交际的融合要保持连续的动态过程，有层次有系统地开展教学工作，减少教学随意性，提高跨文化交际的针对性。

三、跨文化交际能力与英语教学融合的具体行动

通过行动研究发现，可以通过产出型语言文化融合式教学模式实现英语课堂中跨文化与英语教学的结合。该模式由"目标设定—任务设置—任务实施—任务评估与反思"四部分组成，每部分融合了英语教学和跨文化能力培养的基本步骤和程序，体现了对课程目标、任务和评估的革新。

在目标设定上，跨文化目标与语言目标的融合是教学的起点和指挥棒。许多英语课堂视跨文化为语言教学目标之外"多出来"的内容。但行动研究发现，以相对完整的课堂内容为基础，以某一具体的跨文化技能为目标，有选择地进行语言教学，学生能够提升对目标语言本身及其语境的敏感度，并在语言英语教学与跨文化能力培养研究输出中主动使用。

在教学任务的设计上，要能够以少而精的产出型任务为驱动，促使学生在体验跨文化的过程中，主动学习所需的跨文化技能，提升语言应用能力。任务的主题紧紧依托课程内容，充分考虑学生的认知和体验，增加任务的可操作性。任务中的跨文化技能训练和语言训练应形成组合：跨文化以相关的文本内容和语言学习为基础；反过来，跨文化任务的实施过程也促进了语言的学习和使用。任务的实施途径可以是角色扮演、课堂讨论、故事续写等，递进式地训练学生发现、对比、分析的跨文化技能以及相关的语言技能。任务的难度视学情而定，每一项任务可以体现一两点跨文化交际教学原则。

形成性的任务评估与反思是课堂教学效果的保障。评估与反思相伴发生，贯穿教学始终，不断完善下步教学，如即时的互动形成评估、对学生表现的观察和记录、学生作业、学生互评等形式都会促进师生对融合的课堂过程和课堂效果进行反思，以改善下一步教学。跨文化和语言教学的有机融合尚属探索阶段，教学过程中的课堂观察、课堂录音或录像、师生反思、课堂教学核查表等基本课堂数据的收集与分析尤其必要。

跨文化交际与英语教学的融合，能够为充满危机的传统英语课堂注入活力，实现英语教学的人文性目标。英语教学为学生的跨文化能力培养提供主观认识和亲身体验的环境，其学科属性使其成为实施跨文化教育最有效的阵地。这里通过两轮行动研究，探索了一条较为可行的将跨文化融入技能课的教学路径，在提高学生英语应用能力的同时，也提高学生的跨文化技能，增强跨文化意识，为进一步探索、提高融合跨文化与英语教学的研究和实践提供新思路。

第三节 跨文化交际教学中教师能力的提高

一、身份的要义

身份是社会学术语中的主要词语之一，常出现在社会学互动理论中。社会学的互动理论视角更注重社会的微观方面，主要考察人们在日常生活中如何交往，又如何使这种交往产生实质性意义。社会学互动理论认为，在某种意义上，社会结构最终是由行为体的行为和互动所构成和保持的，因而互动论致力于发现人际互动的基本过程。互动双方——自我与他者的身份是在互动中建构的。他将身份定义为有意图行为体的属性，它可以产生动机和行为特征。显然，身份作为交际者的属性并非静止的，它在确立后也会随着互动的发展而不断调整变化。这说明，身份是动态的，可以在互动中建构，是随着互动进程的发展而发展变化的；更确切地讲，互动的结构中形成的共有观念使双方的身份得到进化。共有观念是建构主义的核心词汇，在建构中起到至关重要的作用，而共有观念即文化。由此可见互动中的文化与互动者身份之间存在建构关系。

此外，一个行为体的身份是多重的有机结合的复合物。行为体的多样身份并不孤立存在，而是以情境为基础结合起来。情境不同，行为体的身份也会不同。为简化起见，将身份分为三类，即作为人的身份、社会身份及个性身份。其中行为体的社会身份表明其社会团体的归属，如种族、民族、职业、年龄、家乡等。显然，社会性与文化是不可分割的，社会属性为行为体身份打下深深的文化烙印。在跨文化交际中，社会身份自然是重点研究的对象。

如上所述，情境不同，行为体的身份亦不同。一个行为体的身份是多重的、复杂的，根据不同的情境，行为体会自然选择不同的身份与他者互动。例如，在教室这一情境中，某人可能是教师，但同一个人在家庭中，其身份可能是母亲、妻子等。

总之，一个行为体的身份是在互动的过程中形成的，它是多重的，而且不是一成不变的，会随着互动的发展而发展变化，是个不断建构的概念。其建构的来源是互动结构中不断形成的新的共有观念，即文化。情境对互动者在交际过程中选择何种身份起决定性作用。

二、教师的身份建构

身份是交际者在互动过程中形成的，互动中形成的共有知识又与交际者形成建构关系，促使其身份不断变化、发展。教学活动也是一种交际过程，在这一过程中教师明显与学生形成互动关系。但是，在英语教师的教学活动中还存在一个交际对象，对教师的身份建构起到重要作用。这个交际对象就是教学材料。与文本的交流是种特殊的交流形式，是单向式交流过程。读者不断与文本互动，从文本中获得新的观念、知识。身份就是指一个人经过反思形成的自我概念或自我形象。而在与文本的交流中，读者从文本获取的新的观念、知识反过来作用在读者身上，使其不断自省、反思，形成读者的身份，使其原有的身份得以发展。英语教师在与文本的互动过程中，其身份也如其他读者一样，存在重新建构的可能性。此外，由于其所交流的文本的特殊性，英语教师面临特殊的身份建构过程。英语教师一般母语为汉语，但其交流的文本却是英语，这使得教师与文本的交流过程变为跨文化交际的过程，教师身份面临跨文化的发展建构。

一般而言，当个体处于新的文化环境中，会在情感、认知、行为等层面发生复杂的身份的变化，如在阐述个体身份改变时提到的那样，个体在保持自身文化传统的同时，也经历了发展变化，从认知、情感和行为层面与社会融合，形成其有机整体的一部分。简单地说，个体与新文化接触经历一般有蜜月期、文化休克期、调整期及文化适应期等几个阶段。理想的状态是，个体在对新文化的知识积累中，在交际动机的激励下，依次经过不同阶段，直至文化适应阶段。在这个阶段，个体不仅内化了新的文化知识，如新的价值观、标准等，而且发展了新的文化身份。经历了跨文化，获得新的文化身份的个体，能够运用多重维度的思考方式、更为丰富的情感智慧及多样的角度去解决问题。实际上，这种积极的身份建构过程也是跨文化意识的提高过程。因此，在跨文化活动中，个体身份的建构与跨文化意识的提高有直接关系。

但是，英语教师面对的教学资料，如文本是否可以构成文化环境呢？众所周知，语言是文化的重要组成部分，是文化的重要载体和表现形式。而用于英语教学的文本由于其本身的特色，使得这些文字本身构成由文字形成的文化、社会环境。英语教师的教学对象是英语专业学生。英语教材在帮助学生学习语言知识的同时，也试图给学生呈现纷繁复杂的现实社会，以使学生了解语言是如何在真实的社会、文化环境中使用。

三、教师的身份重建与跨文化意识的提高

英语教师在教学过程中身份的重建与跨文化意识的提高有必然联系。面对新文化环境时，个体一般会经历若干阶段。不同的文化学者绘制不同的阶段，但在他们的描述中，基本都有一个共同的阶段，即文化休克期。在这一阶段，个体在新文化环境里不仅感到沮丧，而且严重的会产生器质性疾病。个体一旦成功跨越这一阶段，不仅会内化新的文化知识，如新的价值观、标准等，而且会发展新文化身份，因此跨越的过程也是跨文化意识提高的过程。对于英语教师而言，虽然其并未生活在真实的新文化环境中，但在与新文化文本、音视频材料接触的过程中，也会面临无法理解、欣赏新文化知识等问题，这些问题产生的根源与文化休克产生的原因极为相似。

比较和对比是行之有效的方法。将本族文化和新文化进行对比，找出相同点和不同点并进行分析，能够清晰、明确地了解文化差异，有助于对新文化的理解。当然，对于英语教师而言，找出相同点和不同点只是第一步，重要的是能够透过现象看到文化的本质。通过相同点，可了解文化的共同性，而通过不同点，更需要直击文化内核，能够从价值观层面来解释，以便更深入地理解和把握新文化。比如，涉及中西方文化不同的现象时，一般可从集体主义和个体主义的文化维度进行解释。这个维度是跨文化交际学中最基本的文化维度之一，反映了中西不同文化的价值观。在具体的教学活动中，英语教师可通过教材提供的文本案例，先帮助学生归纳出中西文化相同点和不同点，而后进行进一步分析，找出不同之处的根源所在，引导学生从集体主义和个体主义价值观的高度来讨论现象的不同。这样的教学要求教师自身的素质提高，建构自己的文化理论高度，并重新以新的视野审视教学素材。其结果不言而喻，在这一过程中，其获得的理论知识提供给教师进行比较分析的新角度、新内涵，有力地帮助了教师身份的建构，并使教师的跨文化意识得到提高。

总之，从事英语教学的教师与教学材料的接触过程也是一种跨文化交际过程，在这一

过程中教师的身份会随着与教学材料的认识、理解而得到建构。在建构过程中，英语教师同样会面临与在新文化环境中生活的跨文化者相似的跨文化体验阶段，其中最为重要的阶段是文化休克阶段。虽然语言教师面临的文化休克的表现形式与在真实环境中生活的人们表现有所不同，但其形成原因极为相像，都是源于交际者自身的文化价值观。这种价值观基本是隐性存在于个体头脑中，对人们的认知、评判及行动产生潜移默化的影响。在教学活动中，教师如果能够采用积极有效的策略应对自身价值观的影响，不仅能够成功地克服文化休克，提高自身的跨文化意识，以新视野、新角度重新定位自身，而且还能够有意识地、有针对性地对学生的英语学习予以高效指导，帮助学生顺利地进行语言、文化的学习。

 第五章 英语文化教学交际能力创新

第一节 跨文化交际能力培养的重要性

随着经济全球化趋势的不断增强,各国之间的联系越来越紧密,交流越来越频繁。若不能对其他国家的文化有深入的了解,很容易在交流的过程中产生矛盾,从而不利于世界和平的维护。文化是各国之间进行交流和合作的中间纽带,因此各国文化之间的渗透和融合是一种大趋势、新潮流。为顺应时代的发展,避免在交流过程中因为对彼此的文化不了解而产生严重的误解,适时地进行跨文化交际能力的培养具有重大意义,同时也是寻求自身获得更好发展的必然需要。

跨文化交际能力的培养作为英语文学课程教学的主要目标之一,也是推动全球化进程所不可或缺的。当来自一种文化背景的人传递出信息,并希望来自不同文化背景的人理解时,跨文化交际就产生。人们在进行跨文化交际时会判断和评价彼此的行为,这种判断和评价往往会基于自身的文化认知,甚至意识不到这种文化认知对所作判断的影响。绝大多数人并不是有意歧视或孤立他人,或是对他人做出错误的评价,但这种无意识行为的影响却破坏性极强。

一、消除文化"失语症"和"自闭症"

跨文化交际能力的培养首先应当加强母语文化教育,培养文化平等意识,从而消除英语教学中的中国文化失语症。现实中,许多英文水平较高的青年学者无法用英语表达母语文化。

究其原因有二:

第一,因为受试者对中国文化知之甚少,很多学生用汉语都解释不清很多中国文化的

概念。

第二，受试者不知如何用英语去表达自己的文化。

中国文化元素介入英语专业文学课堂的可行性途径包括：

第一，增设中国文化类的英语辅助选修课程；

第二，在文学课程大纲中加入反映中国文化语境的优秀英语文学作品，如中国作家所著的英文名著、英语国家华裔作家作品，以及英美名家创作的反映中国社会的英语作品和对中国经典文学名著的翻译作品。

二、达到普通高等学校教学质量国家标准的要求

明确将跨文化交际能力作为外语类专业学生应具备的能力要求之一，专业核心课程应包括文化类课程，这充分说明了在英语教学中引入跨文化交际能力培养的重要性。对于外语类专业人才给出了具体的培养方向。

（一）培养目标

外语类专业旨在培养具有良好的综合素质、扎实的外语基本功和专业知识与能力，掌握相关专业知识，适应对外交流、国家与地方经济社会发展、各类涉外行业、外语教育与学术研究需要的各外语语种专业人才和复合型外语人才。

应根据自身办学实际和人才培养定位，参照上述要求，制定合理的培养目标。培养目标应保持相对稳定，但同时应根据社会、经济和文化的发展需要，适时进行调整和完善。

（二）培养要求

1. 素质要求

外语类专业学生应具有正确的世界观、人生观和价值观，良好的道德品质，中国情怀和国际视野，社会责任感，人文与科学素养，合作精神、创新精神以及学科基本素养。

2. 知识要求

外语类专业学生应掌握外国语言知识、外国文学知识、区域与国别知识，熟悉中国语言文化知识，了解相关专业知识以及人文社会科学与自然科学基础知识，形成跨学科知识结构，体现专业特色。

3. 能力要求

外语类专业学生应具备外语运用能力、文学赏析能力、跨文化交际能力、思辨能力，以及一定的研究能力、创新能力、信息技术应用能力。

其中，跨文化能力是指尊重世界文化多样性，具有跨文化同理心和批判性文化意识；掌握基本的跨文化研究理论知识和分析方法，理解中外文化的基本特点和异同；能对不同文化现象、文本和制品进行阐释和评价；能有效和恰当地进行跨文化沟通；能帮助不同文化背景的人士进行有效的跨文化沟通。

所以，在英语教学的过程中，培养学生的跨文化交际能力可以满足时代的发展要求，迎合社会的发展需求，而且能够在一定程度上提高英语的教学质量。目前在英语教学中，教师往往强调学生语法结构、词汇、词组的学习，英语听力的练习以及口语能力的提高，而错误地认为，跨文化交际能力的培养不仅对学生学习成绩的提高没有实质性作用，而且对于学生英语应用能力的提高也毫无帮助。实际上，跨文化交际能力的培养不仅有利于学生对英语词汇或者语法的理解和掌握，而且有助于学生对阅读理解题中文章的理解，从而提高应试成绩。另外，通过提高学生的跨文化交际能力，还有利于学生在化解由于缺乏英语文化知识而造成的跨文化交流障碍或者误解。由此看来，跨文化交际能力的提高有利于学生英语应用能力的提高。

第二节 英语文化学习的重要性

由于文学本身的特殊性，文学学习在新的挑战面前凸显出联结文化知识的输入和文化理解的优势。文学能够模拟全部人类经验——语言的与非语言的经验，通过阅读分析文学作品，学习者可以获得各种文化知识。同时，文学作为民族文化的载体涉及文化的各个层面，包括大众文化风俗、价值观、时空概念等。文学作品中的文化具体而生动，都以个体出现，文化现象和语言紧密结合。

一、英语文化学习与跨文化意识培养

文学是对人生体验的文化表征。文学作品隐含着对生活的思考、价值取向和特定的意

识形态。阅读英美文学作品，是了解西方文化的一条重要途径，可以接触到支撑表层文化的深层文化，即西方文化中根本性的思想观点、价值评判、西方人经常使用的视角以及对这些视角的批评。英美文学是对时代生活的审美表现，是英国人民和西方人民创造性使用英语语言的产物。英语表意功能强，文体风格变化多，或高雅，或通俗，或含蓄，或明快，或婉约，或粗犷，其丰富的表现力和独特的魅力在英美作家的作品里得到了淋漓尽致的发挥。阅读优秀的英美文学作品，读者可以感受到英语音乐性的语调和五光十色的语汇，回味其弦外之音。

文学和文化密不可分，这一点无论在理论还是在实践中都早已得到国内外学者的认同。文化通常被分为广义和狭义两种，广义的文化是指人类在社会历史实践过程中所创造的物质财富和精神财富的总和，狭义的文化就是在历史上一定的物质资料生产方式基础上发生和发展的社会精神文化形式的总和。文化可以分为物态文化层、制度文化层、行为文化层和心态文化层四个层次，文学就属于心态文化层，是文化的核心精华部分。文学能够提高学生的文化素养，应该得到足够的重视。许多现代语言学家也意识到文学对于文化知识传播的重要性。文学对于文化习得的作用：

第一，文学是一个民族文化的缩影，它表现了民族文化的各个方面，具体而多角度地反映一个国家的传统风俗、风土人情、社会制度和哲学思想等，通过阅读优秀的文学作品，学生将有机会获取丰富的文化背景知识。

第二，文学作品能唤起读者的情感反映，使其对作品的伦理和道德主题做出感性和理性的回应，从而影响学生的道德发展。语言教育专家学者也认同文学和文化的密切关系。文学作品往往能够提供最生动、具体、深入、全面的材料，使读者从中得到对西方文化的有血有肉的了解。

文学曾经是外语院校英语专业学生的主修课，占用了大量的课时和师资。英语学习教材也选取了许多文学性很强的课文。在社会批评理论的指导下，文学作品的分析很重视社会、文化背景。随着时代的变迁，语言本身得到了空前的高度重视，教学目的偏向于对英语的功能性掌握，划定固定的词汇、语言结构和功能，要求学生熟练掌握，以满足其特殊工作或研究需要，但割裂了文化背景的语言必然单调而空洞，学生无法用它确切而得体地表达意思。如何在语言教学中教授文化知识是一个很大的难题。随着中国经济的发展和世界经济的全球化，人们除了需要扎实的语言功底、过硬的交际能力外，还应有较高的文化素养。因此，在讲授外国文化知识时，不能仅停留在介绍肤浅的文化背景知识或外国文化概况的层面上，也不能仅将文学作品作为一种阅读材料、提供一定文化背景知识的工具，而是要做到英美文学与文化教学的有机结合。具体介绍如下：

（一）跨文化意识培养是英语文化学习的重要组成部分

文学承载着一个国家的文化，寄托着一个民族的精神和灵魂，反映着一个国家的文化传承、风俗习惯、精神风貌等。同样，英语文学中承载着以英语为母语的一些国家的风俗文化和风土人情。通过学习英语文学就能对这些国家的政治、经济、社会、思想有所了解，也即在进行英语文学阅读和鉴赏的过程中，就在潜移默化中培养了学生的跨文化意识。

（二）跨文化意识能够提高英语文化的学习效果

跨文化意识不仅要求学者能够对外国文化进行主动、有意识的了解，而且要求学者具有通过将国外文化与本土文化进行对比，发现两者异同，进而提高自身文化敏感度的意识。一旦跨文化意识得到提高，在进行英语文学鉴赏和学习的过程中，学生就能主动地在英语文学中发现以英语为母语的一些国家的风土人情、风俗习惯、民族精神等。除此之外，跨文化意识较强的学生还能够结合本国文化，找出这些国家的文化与文化的异同，并能够有选择性地汲取外国文化中的精华，而剔除外国文化中的糟粕。

（三）英语文化学习是培养跨文化意识的有效途径

文化在文学中得到体现，而文学的一个重要价值就在于文学中蕴含了文化。例如，一部以人物为主体的文学作品，在讲述主人公成长和发展历程的过程中，必然会交代人物成长的背景，而人物成长的背景也就反映了在某个时期、某个国家的一些政治风貌、风土人情、思想习惯等。文学中人物的精神和性格特点也就反映了某个时代的某一群社会人物的特点，而这些人物的特点又从侧面反映出当时这个国家的经济发展状况以及整个社会的发展状况，人物精神也是社会精神在某种层次上的第一个反映。

从文学内容这个层面上来说，英语文学有利于在潜移默化中培养学生的跨文化意识。

另外，学生在进行英语文学阅读的过程中，对于不能理解的词汇或者段落，可以通过查阅不同的翻译版本来帮助自己理解。而在对不同版本的翻译进行阅读和理解的过程中，学生会自然而然通过对比来找出最佳的翻译版本。而在对比的过程中，学生也就学会了处理两种文化在交融过程中出现的一些冲突和矛盾，使得两种文化很好地融合，这也就将跨文化交际意识提升到了另一个层次。

二、英语文化学习的必要性

语言教学是一门综合的学科，它不单指对英语词汇语法的记忆、掌握和运用，还需要对文化背景知识的了解和掌握。如同一个人拥有骨骼肌肉的同时，还必须有血脉联络整体，文化就像血脉激活了生命。文化的内涵高深广博，无所不包。精通掌握语言的人，必定是一位充分了解东西方文化历史背景、社会风俗习惯和人文礼仪的人。谈到语言的学习，就必须有文化作为肥沃的土壤，为语言这棵苗木提供营养。英语教学的最终目的是运用语言达到交际的目的，而学习英语知识掌握英语技能、提高应用英语的能力与熟悉英语国家的文化密不可分。

语言的背后是有东西的，而且语言不能离开文化而存在。英语教学不仅要求学生具有语言能力，而且还要具备交际能力。英语不仅要作为知识来掌握，更要作为一种语言，一种交流工具来使用，这就要求学生在学习运用英语时，不仅要合乎语法，而且要恰当、得体，可以为人接受，同时也要求教师除了传授正确的语音、语调、语法知识，也不可忽视语言背景，文化的渗透。因为语言是文化的载体，是文化的主要表现形式。语言是随着民族的发展而发展的，语言是社会民族文化的一个组成部分。不同民族有着不同的文化、历史、风俗习惯和风土人情等，各民族的文化和社会风俗又都在该民族的语言中表现出来。语言离不开文化，文化依靠语言。语言和文化有密切关系，学习外语不仅是掌握语言的过程，也是接触和认识另一种文化的过程。因此，英语教学是语言教学，但离不开文化教育。要培养具有跨文化交际能力的英语人才，就需要在英语教学中融入文化知识教学和文化理解教学。英语教学应该是对人的品格、思维、语言能力、健全人格、文化知识和意识等的全面素质教育，了解文化差异、增强跨文化交际能力、增强全球意识是其中的重要组成部分。

三、英语文化学习的意义

提倡跨文化的英语教育，目的在于培养和加强英语学习者跨文化交际能力和文化适应能力，因此有着非常重要的意义，具体体现在以下几个方面：

（一）有助于提高学习兴趣，调动学生的学习积极性

将文化教学贯穿于英语教学当中，便能使整个教学过程变得丰富多彩，有助于激发学生学习英语的兴趣，进一步增强英语语言感受能力。英语教学往往把一篇课文分成几个部分，概括大意，分段讲授单词、词组、句型结构以及相关语法等，让学生记笔记，背笔记，课堂内容枯燥，学生学到的只是机械化的、公式化的语言。学生的书面作文常常是语句生硬、别扭、前后不连贯，语意不清晰。一个典型的问题：用汉语的句式套装英语的词汇，写得不伦不类的中国式英语。因此，英语教师应当把文化教学列入教学范畴，培养学生的英语思维能力。英语课内容选材丰富，内容涉及历史、地理、社会、人文和价值观社会观念等。在讲解课文的时候介绍相关背景知识，可以帮助学生更好地理解课文，加深印象。例如，在英语教学中，结合与颜色、动物等相关的事物、典故等，可以让学生更好地理解课文，加深印象。还可以调动起学生的兴趣和积极性，从而活跃课堂气氛，使英语教学变成学生愿意接受并乐于接受的过程。众所周知，学习兴趣是学生非智力因素中最可利用的有效因素，在英语教学中加入文化教学正是很好地利用了这一有效因素为教学服务。

（二）有利于培养学生的交际能力

语言的基本功能是交际。一个成功的英语教学过程是要帮助学习者培养良好的交际能力。在英语教学中加入对文化的导入，能够培养学生对西方文化差异的敏感性，提高语言能力和交际能力，避免中国式英语在对外交流中产生误会，甚至冲突。因为语言错误至多是语不达意，无法将心里要说的清楚地表达出来，而文化错误往往使本族人易与异族人产生严重误会，甚至敌意。这常是由于中国人的思维加上英语的表达方式影响了交际，无法实现知识能力与语言能力的平行发展。因此，教师应加强文化意识，同时注重对学生文化知识的传授，在英语教学过程中，一定要注重语言和文化的关系。要注意英汉两种语言及文化的对比，要注意挖掘课本中的文化因素，提高学生的跨文化意识，不断提高学生对中西文化差异的适应性和认同感，消除文化差异带来的文化交际障碍。同时，教师也要不断

补充新知识，注重对文化背景知识的了解和学习，注重自身英语文化的提高，从而可以不失时机地向学生灌输相关的背景文化知识，使学生在实际交流中具备多元化的包容性，更好地掌握和运用所学知识交流和沟通，使学生真正掌握英语，不断提高他们的跨文化交际能力。

（三）有利于促进学生的自身发展

在英语教学中融合文化教学，有利于学生打开眼界、开阔思路，借鉴西方优秀行为习惯，提高学生自身素质和修养，使其得到一定的艺术修养和中外文化精髓的熏陶。例如，介绍西方人守时的习惯，有利于培养学生珍惜时间的好习惯；介绍西方青少年的独立意识，有利于培养学生的胆识、勇气，增强他们的独立意识。这些都是可以通过文化教学进行提高和改善的。同时，文化教学还可以满足学习者调整自身知识结构的要求，为今后进一步的文化学习和研究打下基础，帮助学习者适应学业结束后职业岗位的要求，如翻译、旅游接待、宾馆服务等都需要掌握外族文化。英语学习不仅只是单一学科知识，它涉及方方面面，因此注重跨文化意识的培养，适应文化融合的需要，可以促进学习者的全面发展。

第三节　跨文化能力培养策略

一、促进学生文化多元主义思想的发展

（一）培养学生积极看待异文化并促进其对自我价值的认识

对于英语专业学生来说，应当引导学生在跨文化交际发生之前和进行当中，先假设来自异文化的对方是善意的，是寻求与自己的理解和交流的，假设异文化和中国文化在深层次上有很多共同点。这样积极地看待异文化及其成员的态度，也会辐射到跨文化交际的对方，促进双方的好感与信任感的建立，形成一种有益的跨文化交际场景，促进跨文化交际的良性循环。这样，在这个过程中，即使出现文化差异或令人困惑的情况，双方也能遵从与人为善的原则共同找到解决办法。

要培养英语专业学生对英语文化的积极态度，使他们对自己尚不了解的陌生的人和事

物首先假设其为善和好的,可以理解为,不同文化中的成员其本性首先是善的,虽然各文化的风俗、文化的表象相互差异,但是人们的本性相通相融。有了这样积极的假设,即使在跨文化交际中遇到困惑、矛盾甚至冲突,也会让人有信心去面对、去解决。相反,处处疑心、设防、过分敏感、封闭自己甚至主动攻击对方,这样就会对自己的跨文化行为产生极其负面的影响。

如果一个人对自身价值认识不足,甚至对自己感到自卑,那么他也很难积极地看待异文化。因为,如果一个人连对自己都认识不足,便不能理解与自己存在差异的他人,不能主动地、自如地去了解他人的思维方式和规范。

跨文化能力不是独立于人们个性之外的一种附加能力,而是个性的有机组成部分。所以,要培养英语专业学生的跨文化能力,就应当促进学生个性的发展,引导他们积极看待自我,并帮助他们实现自我价值。只有在学生充分认识并能不断实现自我价值的基础上,才更容易向来自异文化的人开放自己。因此,在英语教学中,教师应当充分尊重学生,尊重他们彼此的个性,应当给学生留有发展和展示其个性的空间,鼓励学生提出独立的见解,帮助学生充分发挥各自的优势,培养他们的独立人格,培养其不断发展和实现自我价值。

教育应注重人文性和教育性,应将人才培养置于素质教育框架之中,使作为一个人的整体素质和个性发展方面得到最大限度的提高。

(二)培养学生多视角看待问题的能力

很多研究表明,产生文化之间的误解和冲突的重要原因在于,人们大多会戴着母文化的眼镜看世界,将母文化的思维方式、行为方式、价值观等看作放之四海而皆准。因此,在培养英语专业学生跨文化交际能力的过程中,应当帮助他们意识到自己身上所存在的民族中心主义思想,并通过教学和实践逐步加以克服理解他人基于自我理解,首先可以帮助学生批判性地审视自己惯常的思维方式、行为方式和价值观,使学生认识到每一个人都是受到生活其间的文化的影响的。学习者对潜移默化形成的价值观和参考框架进行反思和质疑,这种自我反思能减少或消除民族中心主义思想。因此,有必要首先引导学生分析文化对自我的影响,培养文化省思能力,如分析自己在何种程度上受家庭、所属集体、教育、社会、价值观、宗教、传统等的影响。通过自我分析,可以帮助学生认识到民族中心主义思想的存在，并在一定程度上加以克服，从而不以母文化的"有色眼镜"看待另一种文化。

此外，可以帮助学生批判性地审视自己惯常的思维方式、行为方式和价值观。这种审视最好在有参照的情况下进行，因此可以帮助学生首先比较来自不同地域的学生的不同的文化烙印。通过与其他同学的交流，增强学生的移情能力和多视角看待问题的能力，培养学生在与他人交际中的敏察力以及宽容待人的态度，克服自我中心主义观念，进而克服民族中心主义思想。

一般只要没有离开自己熟知的文化环境，人们很难意识到自己身上民族中心主义思想的存在，因此应当鼓励学生到新的、陌生的文化环境中去，鼓励他们去接触和认识不同的文化世界。中国是一个多民族多亚文化的国家，可以首先鼓励学生利用假期到少数民族地区，了解当地的文化，也可以建议学生到与自己熟悉的生活环境完全不同的地方，去考察和体会不同的生活，如来自城市的学生与来自农村的同学各自到对方的家庭生活一段时间。学生可以将他们的体验记录下来，还可以通过电子杂志，把这些体验用生动的形式记录下来，互相分享。

当然，与来自英语国家的人进行真正意义上的跨文化交际实践，更能帮助英语专业学生克服民族中心主义思想，培养学生多角度看问题的能力。通过这样的体验和交流，可以帮助学生看到不同的生活方式有其各自合理的背景，帮助他们对自己司空见惯的标准进行反思，使他们看到自己的生活方式和价值观不是唯一正确的，同时也培养他们的宽容心和多视角看待问题的能力。

此外，尽量了解不同国家的成员对中国文化的看法，也有利于克服民族中心主义思想。少部分外语专业所开设的外国人看中国文化等课程，就有助于启发学生多视角批判性地看待自己的母文化，从而促进其文化多元主义思想的形成和发展。

学习一门外语，就意味着学习它所构筑的一整套文化世界；掌握一门外语，就意味着获得一种新的对世界的看法。在对目的语文化特别是该文化中所使用的言语表达的理解方面，应当培养学生不以中国人之心度外国人之语言表达，不用中国文化的"有色眼镜"看目的语文化成员的交际方式。应使学生学会在跨文化交际的同时，跨出母文化的思维定式，从更新、更高的角度甚至多维度来理解异文化的人和他们的言语表达。这种方式，不会使人丧失对母文化的认同感,而是会加深和改善对母文化、对他人、对外界的认识。

在培养英语专业学生跨文化能力的过程中,要培养他们从新的视角,即从超越母文化和异文化的跨文化视角,用第三只眼睛审视英语文化。英语专业学生以英语为主要学习对象,教师应当引导学生扩大跨文化视野,从了解和理解中国文化、英语文化,到对更多的文化有所了解和研究,以形成国际化的视野,具备对多元文化的敏感性,提高跨文化实践能力。

以上建议可以为培养学生的文化多元主义思想打下很好的基础。这样,随着英语学习的不断进步、对英语文化更多更深入的了解,随着越来越多的跨文化经验的积累,学生们就会更加尊重异文化,更加理解相应的英语文化成员的价值观、思维和行为方式,从而不断提高自己的跨文化能力。

(三)培养学生的文化敏察力和跨文化移情能力

一个具有较强文化敏察力(又称文化敏感性)的人,对跨文化交际过程中的文化异同、轻重缓急、敏感地带等十分敏感。跨文化能力培养的一个重要方面就是培养学生的跨文化敏察力,使其了解掌握异文化的主要价值观、思维方式和行为方式,具有对异文化基本特征的感性和理性分析能力。培养学生的文化敏察力,就是培养他们对文化表层的现象有敏锐的感知和觉察,同时培养他们探究和分析文化表层现象背后的文化深层原因和本质的能力。

文化敏察力不是与生俱来,而需要通过学习形成。文化敏察力的培养需要由表及里、由浅入深、循序渐进地发展。在英语专业学生跨文化能力发展的初期,可以训练他们对处于文化表层的母文化和异文化基本特征进行观察与描述,训练他们发现常人不易发现的事物与现象。在此基础上,引导他们对所感知到的事物与现象进行文化比较和文化深层次原因分析,同时学习多视角看待和分析问题,尤其学习从异文化成员的视角来感知、判断和分析事物和问题,提高跨文化移情能力。

跨文化移情能力是指尽量站在来自另一文化的他者的立场去思考、去体验、去进行跨文化交际。培养跨文化移情能力,就是要跨越和超越母文化的局限,使自己处于异文化成员的位置和思维方式,设身处地地感悟对方的境遇,理解对方的思维和感情,从而达到移情或同感的境界。

跨文化移情能力也包括站在对方的角度来理解其交际的意图。这种移情能力建立在对交际伙伴的文化有深入和多方面了解和理解的基础之上。因此，要培养跨文化移情能力，必须加强对异文化的学习。

培养英语专业学生的跨文化移情能力，还包括帮助他们认识到来自英语文化的成员可能感知到自己不曾感知到的东西，看到他们对所感知到的东西可能有与自己不同的诠释。

二、促进学生对母文化和目的语文化全面深入的认知和理解

（一）拓宽和加深英语专业学生对中国文化的认知和理解

对母文化的全面和深刻的认识是了解异文化的重要前提。英语专业学生对中国文化的了解，将是他们在跨文化合作实践中极大的优势，因为很多在华的国际企业正是希望利用中国员工对中国文化的了解，来寻求符合中国国情的解决方案，期望他们在中外跨文化交际中具有桥梁的作用，从而实现这些企业在华投资的目标。因此，促进中国英语专业学生对母文化全面深入的认知和理解、培养他们向异文化的成员传播中国文化的能力至关重要。只有在了解了中国文化的基础上，才能客观地看待中国文化，认识到中国文化中的认知、思维和行为方式不是放之四海而皆准，从而提高对异文化的敏察力和宽容度，提高跨文化能力。

培养英语专业学生的跨文化能力不仅在于提高他们的英语语言交际能力，同时需要他们了解英语国家的文化，但这绝不意味着要他们把中国文化的根拔出来，离开母文化的土壤，完全跨上目的语国的文化土壤上重新生长，而是要在两种文化之间架起桥梁的作用。正如民族中心主义有碍于跨文化能力的培养一样，对母文化的无知，甚至对自己文化认同感的放弃同样会妨碍跨文化交际的进行。缺失了母文化，跨文化将无从谈起。只有对母文化充满自豪和自信，才有可能在跨文化交际中处于平等地位。否则，只能沦为异文化的附庸和奴仆。

对母文化的历史渊源、本民族典型的价值观、思维观、行为方式等有深刻的认识和反思，有助于了解自己的文化烙印，增强人们的跨文化敏察力，提高人们在中外文化之间进

行跨文化沟通的能力。通过激励对母文化进行反思，去认识那些影响自身价值观的社会条件。只有意识到个人固有的价值标准是由自身历史经验形成的结果，个体才更容易认识到自我认同中所形成的自认为理所当然的文化价值观，并通过对母文化和异文化价值标准的比较，认识到自身文化标准的文化中心主义特征，从而能移情于异文化的价值标准。要了解中国文化，必须了解中国的文化传统、价值体系、影响中国文化的因素等。同时，在跨文化交际中，中国文化所遵循的一些价值观和处世方式可以为跨文化交际提供许多积极的参考，从而为跨文化交际研究提供新的视角。

如前所述，应当加强英语专业学生对中国历史文化的了解和研究，开设一些中国国学的选修课，通过对中国文化的学习，尤其是通过对中国文化中积极的核心价值观内容的学习，增强学生的母文化价值感和民族自尊心，提高学生的文化素质和学养，增强他们弘扬中国传统文化的意识和主动性。理解和认同母文化可以帮助学生理解和尊重其他的文化，进一步拓展自己的跨文化心理空间，对文化的多元性展现出一种大度，形成兼容并蓄的跨文化人格。同时，使学生在跨文化交际中成为有价值的、受欢迎的交际伙伴，因为异文化成员在与中国学生交流过程中，大多是希望对中国文化有更广泛和深入的了解。

需要指出的是，了解中国文化不仅包括了解中国传统文化的精髓、了解中国的主流文化，同时也包括了解中国丰富多彩的亚文化。很多在国际企业工作的中国员工，他们所面对的服务对象大多是中国人，而他们因其所属不同的亚文化而不同。了解中国文化的多层次性可以帮助人们成功地进行跨文化交际，做好中国文化和异文化沟通的桥梁。

应了解中国文化、将中国文化的精髓贯穿到跨文化交际中，强化学生的人文精神、价值观，提高他们的人文素质，培养他们在中外文化之间的沟通能力，可以极大促进他们跨文化能力的提高，同时也为促进真正意义上的跨文化对话做出贡献。在英语教学中，应当训练学生描述、分析和传播中国文化的发展历史、核心价值观、思维方式和行为方式的英语表达能力，培养他们对中国文化与目的语国家文化各方面进行比较的能力，同时也帮助他们学习用异文化成员的眼光来审视中国文化，从而使他们能从不同角度认知和理解中国文化。

（二）跨文化交际理论的学习与文化比较

要培养英语专业学生的跨文化能力，在帮助他们深入全面地认识和理解中国文化和英语文化的同时，还应当向他们传授有关文化学和跨文化交际学的理论知识、研究方法和重要研究成果，包括文化的特征、文化的发展规律、跨文化交际的特点和规律，描写和分析文化的方法、工具、模型等。应当了解和批判性地分析目前比较有代表性的文化和跨文化交际理论和模式。事实上，越来越多的学校都开设了跨文化交际课程，这里需要强调的是，不要仅照搬西方的理论，而应当在吸纳这些理论的同时，构建中国自己的跨文化交际理论体系。

在跨文化交际理论的指导下，可以引导学生利用所学的文化分析方法，对英语国家文化与中国文化进行比较。这种比较应包括国民性格、价值观、思维方式、行为方式、风俗规范、时间观、空间观、非言语交际方式等方面。尝试让学生挑选不同的主题，对中国和英语国家文化的某一方面进行比较和分析，找出异同，引导学生收集显示文化异同的数据和案例，并尝试去探究导致差异的深层次文化原因，之后建议以研讨会的形式将结果进行演示和报告。

以上所描述的文化比较应当看成是学生跨文化学习过程的一个重要环节，在文化比较的某个专题研究结束后，要帮助学生对其跨文化学习进行总结（包括理论和方法总结），可建议学生准备一专门的文化比较文件夹，以影响跨文化交际的不同基本因素为主题，不断丰富相关的资料。这种文化比较一般是指主流文化的比较，因为把握了一个民族总的思维方式和价值取向，便容易理解和解释许多其他层次的文化现象。

在不同文化的比较中，人们往往会强调文化的差异。这里需要特别注意的是，如前文曾经指出的，应当引导学生发现异文化与中国文化深层次上的共同点。从学习心理学的角度，找到这些共同点也很有意义，因为缺乏跨文化交际经历，而受中国教育体制的影响，青年人往往缺乏探索新生事物的勇气，如果过于强调异文化与中国文化的差异，们就会在与异文化成员进行交际之前有畏惧感；相反，如果找到了文化之间的共同点，会使跨文化交际活动更容易开展起来。

当然，这种对比不可能包罗万象，重要的是对学生在方法学方面的培养，启发学生通过对一些文化主题的探讨,加强学生的文化敏感性、自我认识以及对异文化中人的认识,并提高其认知能力、超越自身文化的局限。上述的文化分析和跨文化比较并不一定要求学生达到很高的科研水平,重要的是培养学生在分析和比较的过程中培养其跨文化敏察力,培养其对跨文化交际研究方法的应用。最后需要强调的是,对母文化和对目的语国家文化的认识和理解不是相互无关,而是应当紧密相连,始终融合、相互促进。

(三)融通中外文化

在欧美很多语言中,交际一词有共同分享、互相沟通、共同参与的意思,也意味着交际是交际伙伴的相互沟通分享信息的过程。所以,如果在跨文化交际中不会用外语来表达和传播母文化,跨文化交际就成了单向的文化流动,就不能成为真正意义上的跨文化交际。交际的双方只有互通有无,才能使交际顺利进行。外语教学应当是学习者与目的语母语者之间的平等对话。通过对话,学习者可以发现在说话和思维方式上他们与异文化的相同点和差异。在这种情况下,外语学习者才能以他们自己本来的身份,而不是以有着这样那样缺陷的目的语使用者身份来使用所学的外语。

对于英语专业学生,跨文化交际能力的重要表现是能在中国文化与英语文化之间起到桥梁的作用,学会用英语表达自己的观点,包括向英语文化成员传播中国文化。在交际的过程中,要充分达到共同分享,相互沟通;要达到这一目的,其重要前提是深入全面了解和理解中国文化和英语文化。

具有跨文化能力的一个较高的境界就是融通中外文化,是能在吸收异文化精华的基础上弘扬中国文化,能把中外文化融入自身人格的养成中,在跨文化交际合作中,知己知彼,具有深而广的文化学养和博大的胸襟。因此,在英语教学中,不但应当重视用英语来叙述英语国家的文化、社会、政治和经济现象,同时也要培养学生用英语向英语国家成员阐述中国文化渊源、价值观、思维方式、行为方式、社会现象等的能力,从而提高其跨文化交际能力。英语专业学生不应被培养为崇洋媚外的民族虚无主义者,也不应是因循守旧的狭隘民族主义者,而是应当被培养成文化使者,培养他们在吸收异文化精髓的同时,也能弘扬中国文化。在跨文化交际与合作中,通过自己的跨文化能力,既让中国了解世界,又让世界了解中国。

三、培养英语专业学生的跨文化行为能力

促进跨文化行为能力发展的关键能力和个性特征有：适应能力、独立行为能力与责任心、灵活性、跨文化交际能力、团队合作精神、求同存异的能力、文化协同能力、文化沟通能力。培养学生的跨文化行为能力主要可以从以下几个方面来开展：

（一）培养跨文化交际能力以及就交际本身进行沟通的能力

要培养学生的跨文化能力，英语能力至关重要。毋庸置疑，对于英语教学来说，培养学生的英语能力和跨文化交际能力是其重要任务。英语学习的最终目的是利用英语进行跨文化交际。

英语专业学生们需要知道的是，学习英语本身并不是最终目的，重要的是利用英语进行跨文化交际。而中国学生在学习英语时，往往非常重视词汇和语法，因为害怕犯错误而不敢交际，这样的做法无异于舍本逐末。

在以跨文化交际能力为目标的培养方针指导下，英语主要被看作是交际的工具。在课堂上可以通过各种教学形式，来培养学生利用英语认识和理解目的语文化、传播中国文化、对中国和目的语文化进行分析比较、对跨文化交际进行准备、预测、引导，以达到令双方满意的有效的跨文化交际。同时，也包括培养学生利用英语与来自英语国家的成员建立和维护信任关系的能力、表达不同意见的能力、通过沟通处理问题和矛盾的能力。

在前文所叙述的交际的四个层面中，言语交际在跨文化交际中起着核心的作用。跨文化交际也是人际交往，对人的了解与研究也至关重要。不同文化之间的交流和交往大多由个人来承担，这就要求个人要有很强的交际能力，广博的中英语言、文化知识和积极的交往态度，即使在复杂的跨文化交际场合中，也能随机应变、因势利导、掌握主动。英语教学应当向学生传授跨文化交际策略。

第一，吸引对方与自己交际、寻找共同话题。

第二，营造宽松的交流氛围，不但善于言语交际，同时善于积极地倾听和交际引导。

第三，善于观察和分析交际中对方的背景、交际目的、思维方式、行为方式等，并在此基础上调整自己的行为。

第四，保持跨文化敏感，善于捕捉信息传递中的偏差和有可能出现的误解。

需要指出的是，除了培养学生在言语表达方面的熟练和丰富程度之外，还应当提醒学生注意交际的非言语因素和言语外因素，如眼神、手势、体态、对时间和空间的处理、交际媒体等。

跨文化合作的关键往往就在于跨文化交际是否恰当和畅通，在这一背景下均应强调就交际本身进行沟通的能力的重要性。就交际本身进行沟通的能力是指对交际本身进行交际的能力，即将交际的形式、内容等作为谈话的内容，如可以与来自目的语文化的成员就以下与交际本身相关的问题进行沟通。

就交际本身进行沟通的能力也包括与交际伙伴事先约定交际规则：如约定每次会谈的主要内容用文字的形式记录下来；在讨论过程中就事不就人；在对方未说完之前不要打断他等。通过对交际进行沟通，可以提高交际的效率，避免误解的产生，保障交际的成效。因此，应鼓励学生有意识地将英语作为工具，将交际本身作为交际的内容，主动避免跨文化交际过程中有可能出现的误解、障碍甚至冲突，有意识地疏通跨文化交际的渠道，提高交际的效用，促进和改善跨文化交际。

在培养英语专业学生的跨文化交际能力以及就交际本身进行沟通的能力的过程中，教师应当在英语教学的课堂中设计不同的交际场景，以提高学生的跨文化交际能力。应当将以教师为中心、以知识传授为中心的教学形式发展为以学生为中心、以交际为中心的教学互动形式。

（二）培养英语专业学生在求同的基础上存异的能力

不同的文化之间不仅存在差别，同时也具有很多相同点，找到文化之间的共同点是跨文化合作取得成功的重要基础，求同存异也是跨文化合作中行之有效的策略和方法。在全球化的今天，求同的策略也是全球化发展的需要。人类面对着很多共同的问题，需要在"同"的基础上去共同解决。同时，"求同"符合中国文化的核心价值观，中国人的大同世界观不仅认为天下一家，且视天地万物为一体。在跨文化交际与合作过程中"求同"，符合中国文化中的世界大同的价值观，是创建和谐的跨文化关系的重要途径。

在跨文化交际与合作过程中，人们会遇到比在单一文化中要复杂得多的问题。尤其在跨文化交际的双方对彼此还缺乏了解和信任的情况下，求同存异可以帮助人们克服陌生感，克服对陌生文化的生疏甚至恐惧，寻找自己所熟悉的东西，增强与来自异文化的合作伙伴进一步交流的勇气，增强对跨文化交际与合作的信心，并将跨文化合作进行下去。在求同的基础之上，即使看到文化差异的存在，也不会气馁，不会踯躅不前。因此，求同存异可以使人们的跨文化行为由被动变为主动，是处理纷繁复杂的跨文化交际问题、解决各种矛盾卓有成效的策略。

培养学生求同存异的能力还包括引导学生认识到，文化差异并不一定会自动导致文化冲突。不能将跨文化交际过程中出现的所有问题都归咎于文化差异，要看到文化之间的共同点和相似点，以便找到跨文化沟通的基础。需要指出的是，求同并不意味着要否认和忽视文化之间差异的存在，或是刻意回避差异，更不意味着放弃自己的文化，一味地追求与异文化的一致。

第六章　英语文化教学模式创新

随着万维网和数字媒体技术的发展，人们在生活价值、审美素质、精神向度等传递方式的变革促进了沟通、交流方式的极大改变，互联网与数字媒体技术呈现出受众阶层广泛、地域跨度广泛等特征，其及时性、灵活性、多样性和便捷性也促进了其的到来，对信息的了解和获取已经成为人们日常生活中重要的组成部分。

第一节　英语教学模式的转变

信息的沟通是人们存在、成长、繁衍的最基本要求。信息的获得成为人们生活中接触外界的重要手段。多元、多样和差异的叙事表述，其传递信息内容丰富，这势必要求其传递的资讯在有限的时间里具有新颖的定位，迅速抓住受众的心理，便捷地引导受众的认识，以便提高信息传递的终端阅读效果。将高等学校置身于一个公共文化空间，以微信、微博为代表的沟通方式的"新"时代，其英语教学必须着手新的探索和改革，以保证能与时俱进。学生主体化、互动化和强社交化的知识传授是教学的引导方向。教师要在日常教学的坐标上重新整合知识的传递方式，运用色彩、声音、资料（材料）、光影等方式，将教学信息以便捷化、人性化、多元化和最大化的方式传递给学生。

一、微课是教学改革的主要表现形式

新的便捷化、人性化、多元化的课堂以微课最具有代表性。微课又称微课堂，是指根据教学大纲要求，遵守课程规范标准，在教学实践目标明确以后，以影像为主要载体，有针对性地围绕知识难点、重点和疑点，集结相关教学内容、教学方法而开展的具有知识纵

度挖掘和知识横向联系的教学活动过程。微课的技术特点在于让课堂情景化，并以其独特的色彩、资料（材料）、声音、光影等元素重新界定了现代课堂的内涵。从技术层面来看，微课所传递的知识信息已超过了传统的课堂教学。

微课是一种传递知识高效、师生课堂互动明显的情景化技术课堂，通过对课堂的精心设计，让知识传授和它的受众建立一种便捷、高效的有机化联系。微课致力解决学生（受众）对专业知识的期望，及时了解新资讯给学生带来的心理和行为上的变化。

微课具有以下特征：

第一，课堂传授时间短，主题明确，重点突出，其核心构建要素是教学影像。微课堂是教学课例的一部分或片段。课堂传授内容指向明确，相对于传统的宽泛课堂而言，微课堂反映的主题问题比较集中和突出。利用终端设备（电脑、MP4、智能手机等）的便捷，微课恰好适于师生之间的交流互动与教师之间的交流和探讨。

第二，微课堂教学影像构建的情景化意味较浓。教师和学生在这种结构紧凑、内容丰富、重点突出的翔实、直观、范例的情景教学场域下，能够强化学生的探知、信息分析、思辨性建构、包容、集体协作、获得隐性知识和自我约束能力等高阶思维的培养与提升。微课堂要尽力符合学生心理、生理特点的发展需要，强化学生的三把握（把握概念、把握理论、把握方法），同时提高教师自身的教研能力，迅速引导教师的角色转变，使其能够灵活地运用教学方法。微课堂融知识性和方法论于一体，以影像、视频片段为侧重点，启发学生思考，提高学生进行问题查找、问题分析、问题解答、问题评价等能力，培养互助、协助、协作精神，提高应变、交流和沟通技能以及评述性和创意性思维，构建一个要旨明确、类别多样、布局严谨的主旨单元结点群，最终引导学生进行思考，而非简单地进行知识传授，培养出符合现代社会需要的合格人才。

未来英语教学的改革与创新，没有高效传授知识的数字技术手段的参与，就是一种落伍或缺憾。未来的教学知识引擎是学生主体化和互动化，它是互联网和数字技术的指引和支撑。

二、英语微课教学的策略

多年来，英语教学都是以较为传统的宽泛课堂为教学方式，教师按部就班地教，学生无休无止地学。传统的英语课堂教学，强调了教师教的主体地位，教师站在讲台上主要任务是讲，以既定的教材为文本基础，按部就班讲授文本内容，词汇、语法、重点、难点句子及段落内容的理解，带领学生完成课后习题等；作为学的主体，学生死板地坐在座位上，主要任务是听，努力理解教师所讲内容，努力记住所学课文的词汇及语法等知识，在教师指导下完成习题。

微课是紧跟时代的数字化价值体现，它更有故事感、针对性。当前在校就读的，从小就受到现代传媒信息的滋养与熏陶，是追求现代时尚传媒的一代，通过常态化的互联网、手机，随时随地获取知识，熟知现代资讯带来的方便。

微课依靠互联网、手机等媒介进行传播，一定会欣然接受，积极配合学习；加之高中阶段养成的相对独立的自主学习能力，自然会把自己遇到的难以化解和感到疑惑的问题，通过双向性、互动性与教师以及同学进行商讨，从而达到知识的领悟和掌握，以此达到自我监督、自我成长的目的；此外，绝大部分的英语基础知识和口语、听力基本功比较扎实，日常生活中运用英语表达的能力相对较强。

随着现代化教学改革的深入以及国家在经济上的投入与支持，教学研究条件相应得到了较大幅度的提升。互联网、多媒体的教学课堂"三通工程"（宽带网络通、优质共享视频课程通和个人网络学习空间通）硬件基础设施到位，完全可以满足英语教学的需求。互联网媒体有利于具有硕士或博士学位、高层次学习经历骨干教师的使用和创新，他们基本接受过现代教育知识、技术和理论层面较为系统化的培训。骨干教师与一样熟悉现代教育技术的重要性和便捷性，加上其精力充沛，接纳新事物和新媒体意识较强，能够自觉适应时代发展。他们主动运用计算机和新的信息技术，及时灵活地转变教学观念，活跃在多媒体教学的课堂上。他们懂得灵活、多样和趣味性喜好，深知个性化的缺点和不足。他们及时更新教学理念、不断地充实教学空间和教学内容，从较为传统的教师以教为主转向学生的以学为主，从单一的成绩评价向网络教学解决问题、作业探讨、论文写作和实际创新的能力评价转变，极大地改变和促进了自身教学行为的提升，进而引导学生转换学习方式。

把微课引入到传统的英语教学是当前英语教学的新趋势。具体主要从以下两个方面入手：

第一，在传统的英语课堂内利用微课，突出英语教学所强调的微语境，拓宽学生领悟其他国家文化情景化叙事课堂。作为语言传授的英语教学，有着自身内在的教学规律，它以学生的听、说、读、写、译等实用内容为主要培养目标。微课要服务于语言技能，要注重其过程、阶段、构思和观点的整合。以微课为切入点，创造色彩、资料（材料）、声音、光影等元素综合的语言情境，让学生置身于较为真实的语境中，简洁明了地关注实用英语的小现象、小策略和小叙事，了解英语国家的人文历史故事和背景，充分享用优质的技术化教育教学资源，多层次、多角度地加强英语实践能力和实用交际能力的培养，使学生听、说、读、写、译能力得到大幅度提高。

创设情景化的叙事课堂，对于英语教学尤为重要，是培养学生学习兴趣、激发学生学习积极性、拓宽学生视野的重要教学手段。在当今全球化的背景下，英语作为一门国际语言被最广泛地应用于国际社会的各个领域。利用微课，在传统的英语课堂突出英语应用的微语境，创设情景化的叙事课堂，使学生真实感受到英语应用的场景，引导学生模仿、学习，这是提高学生英语实用听说能力的有效手段。坚持在传统的英语课堂内引入微课，循序渐进，点滴积累，从长远来看，必将使得学生的实用英语能力得到实质性的提高，使英语教学彻底摆脱哑巴式英语教学模式。

第二，英语教学要注重叙事性微课的系列化、配套化和系统化制作与开发。微课不应仅仅是微视频的简单集合，而应该是由一系列相关联的要素构成的一个完整的有机的整体。在英语课堂上，学生的听、说、读、写、译的综合能力训练是必不可少的环节。针对不同文章题材和结构，发现、发掘不同的信息，相应创设不同情境和视听展示，捕捉学生不同的思维，让学生进行分析探讨，激发其创新的潜能。

第二节　探究式教学模式创新

一、探究式教学的背景及其现状

问答法，在与学生谈话时，不把结论直接告诉对方，而是向对方提出问题，再根据对方的回答不断提出问题，最后达到正确的结论。这样，通过平等的讨论，启发对方独立思考，使对方的思维始终处于积极活跃的状态，同时遵循了从具体到抽象、从个别到一般、从已知到未知的规律。探究式教学一直是教育工作者尤其是科学教育工作者关注的焦点之一，近来更成为各科共同探讨的话题。但是，即使在历来提倡探究式学习的美国，时至今日探究教学所面临的挑战仍很明显，从传统讲授向探究转变的步伐仍十分缓慢，前人的探索为我们提供了丰富的启示，具有重要的借鉴意义。

（一）古代的探究式教学

在西方，强调通过不断的诘问和探讨，由学习者自己建构看法、观点和知识，也是直接强调学生知识的自主建构，强调学生的自主探究。另外，在2000多年前创办的贵族学校里，学生按照他们将来可能从事的工作性质的不同，被分为两种班并接受两种完全不同的教育。一种是，对于那些将来可能从事一般性管理工作的学生，学校教给他们的是一堆被视为绝对真理的知识或教条。这个班的学生必须以十分虔诚的态度无条件地学习并接受传授给他们的知识，不能提出任何质疑。另一种是，对于那些将来可能成为统治阶层接班人的学生，学校教给他们的则是一套完全不同的思维方式——那些被视作真理传授给前一个班学生的知识，在这里却被摘下真理的光环而成为一些有参考价值的建议提供给学生。学校要求学生在学习这些知识时保持独立、清醒的头脑，对这些知识的合理性、全面性等方面持批判的态度，既可以提出合理的质疑，又可以对这些知识进行补充、完善。

（二）近现代的探究式教学

到了近现代，对探究式教学或学习的关注和探索相对来说更加集中与明确。近百年来，没有哪个观点像"探究"或"探究式教学"这样更受到科学教育界如此广泛的关注。科学教育不仅是要让学生学习大量的知识，更重要的是要学习科学研究的过程或方法。

另一位教育家根据从做中学的教育思想创立了一种新的教学组织形式和方法——设计教学法，其中也蕴含了探究教学的实施形态。著名认知心理学家在积极推进发现式探究的运动中就指出发现学习是非常有价值的。发现学习能够激发内在动力，促进发现策略的习得与发展并促进对知识的牢固掌握。这就要求在教学过程中，辩证地处理学生自主与教师指导的关系，不仅强调学生要倾听教师，更强调教师要倾听学生，珍视探究学生的个人观念、独特的感受和体验，并引导学生积极反思。同时还特别强调学生之间的相互倾听、交流与合作。

二、探究式教学的基础知识

面对教学改革的实际需要，教师采用探究式教学被认为是课堂教学改革的理想选择。

（一）探究式教学的内涵

探究式教学，又称发现法、研究法，是指学生在学习概念和原理时，教师只是给他们一些事例和问题，让学生自己通过阅读、观察、实验、思考、讨论、听讲等途径去独立探究，自行发现并掌握相应的原理和结论的一种方法。它的指导思想是在教师的指导下，以学生为主体，让学生自觉地、主动地探索，掌握认识和解决问题的方法和步骤，研究客观事物的属性，发现事物发展的起因和事物内部的联系，从中找出规律，形成自己的概念。可见，在探究式教学的过程中，学生的主体地位、自主能力都得到了加强。探究式教学是以探究为基本特征的一种教学活动形式，它包含两层意思：第一层是探究的概念，第二层是探究式教学的概念。

在当今国际科学教育改革的热潮中，探究是出现频率最高的几个关键词之一。探究是求索知识或信息特别是求真的活动，是搜寻、研究、调查、检验的活动，是提问和质疑的活动。探究，就其本意来说，是探讨和研究。探讨就是探求学问、探求真理和探求本源；研究就是研讨问题、追根求源和多方寻求答案，解决疑问。探究式学习是指仿照科学研究的过程来学习科学内容，体验、理解和应用科学研究方法，获得科学研究能力的一种学习方式。探究式学习包括五个方面的活动：

第一，提出问题，学习者围绕科学性问题展开探究活动。

第二，收集数据，学习者获取可以帮助他们解释和评价科学性问题的证据。

第三，形成解释，学习者要根据事实证据形成解释，对科学性问题做出回答。

第四，评价结果，学习者通过比较其他可能的解释，使解释和科学知识相联系。

第五，表达结果，学习者要阐述、论证和交流他们提出的解释。

以探究为基础的学习或者教学，指学生通过自主参与获得知识的一种积极的学习过程，是让学生自己思考怎么做，甚至做什么，而不是接受教师思考好的现成的结论。因此，探究式学习既是一种学习方式，又是教育教学的目标之一。探究式教学要求教师用理论去指导实践，在实践的基础上再总结出新的理论，从而推动教学不断向前发展。它具体是指教师引导学生对有关的学习内容进行深入探讨，或对有关问题进行多方面的研究，以寻找答案、解决问题的过程和活动的方法。它的实施就是让学生以自主、能动的方式在学习过程中掌握知识，获得能力，习得科学的方法，养成科学态度和科学精神。因而，探究教学的实质就是按提出科学结论和检验科学结论的结构方式去揭示科学结论，即要把所提出的观念和所进行的实验告诉学生，要说明由此得到的资料，还要阐明把这些资料转化成科学知识的解释。

（二）探究式教学的特点

第一，注重从学生的已有经验出发。认知理论的研究表明，学生的学习不是从空白开始的，已有的经验会影响他们现在的学习。所以，教学只有从学生已有的知识和实际出发，才能激发学生的学习积极性和主观能动性。否则，就很难达到预期的教学目标。

第二，培养学生的探究能力。探究教学不是教师先把结论直接告诉学生，再通过演示实验或学生实验加以验证，而是让学生通过各式各样的探究活动，例如观察、调查、制作、收集资料等，亲自得出结论，使他们参与并体验知识的获取过程，建构起对新事物的新认识，并培养科学探究的能力。这种通过多样、复杂的活动情景来获得知识的教学方法，可以使学生从多角度深入地理解知识，建立知识间的联系，从而使他们在面对实际问题时，能更容易地激活知识，灵活地运用知识解决问题。也只有这样，学生的学习才是积极主动的，才能真正激发学生学习的内在动机。

第三，重视过程和结果。一方面，要求学生在教师的指导下，对事物和现象主动地去研究，经过探究过程来理解知识的内在联系，从而达到灵活掌握和运用知识的目的；另一方面，需要教师把知识和科学方法有机结合，在学生掌握知识的基础上，让他们通过观察、调查、假设、实验等多种形式的探究活动，经历收集信息和分析信息的过程，从而获得自己的探究结果或制作出自己的作品，培养学生的科学态度和精神。

第四，重视知识的运用。探究教学的一个基本特点就是学以致用，发展学生运用知识解决实际问题的能力。探究教学能综合提取知识，跨学科解决复杂的、综合的以及涉及知识面广的问题。在掌握知识、运用知识、解决问题的学习活动中，探究教学能使学生更接近生活实际和社会实际，有利于培养学生的实践能力。

第五，重视形成性评价和学生的自我评价。探究教学的评价要求较高，如它要求评价每一名学生理解了哪些概念，哪些还模糊不清或不知道，是否可以灵活地运用知识解决问题，是否能提出问题，是否能设计并实施探究计划，是否能分析处理所收集的数据和证据，是否能判断出证据是支持还是反对自己提出的假设等。单靠终结性评价是难以奏效的。探究教学在重视并改进终结性评价的同时，很重视对学生的形成性评价，如学生每天的笔记、撰写的报告、绘制的图表，以及与学生面对面的交流、学生针对某一问题所做出的解释等，教师可以通过这些了解学生对知识理解的深度和广度，以及进行科学推理的能力。

重视学生对自己学习过程的评价也是探究教学评价的另一个特点。学生不断地对自己的探究学习进行评价，如检查采用的方法是否合适、解释是否得当、对知识的理解程度如何等，可以提高学习效率，有利于学习目标的达成。

（三）探究式教学的意义

第一，探究式教学符合教学改革的实际，能满足改革者的心理需要。目前，教学改革的宗旨主要有三点：

（1）打破传统教学束缚学生手脚的一套做法。

（2）遵循现代化教育以人为本的观念，给学生发展以最大的空间。

（3）根据教材提供的基本知识，把培养学生的创新精神和实践能力作为教学的重点。

只要能做到这三点，改革就能取得实效。改革就是不断探究新的教学途径和教学方法。最终实践会告诉每一位教育改革者，探究式教学是非常符合改革者的实际需要的。

第二，探究式教学能使班级教学更具活力和效力实施探究式教学。

（1）要最大限度地减少教师的讲授。

（2）要最大限度地满足学生自主发展的需要。

（3）要尽可能地做到让学生在活动学习，在主动中发展，在合作中增知，在探究中创新。

第三，探究式教学能破除自我中心，促进教师在探究中自我发展。课堂教学改革难，在很大程度上是难在教师身上。究其原因，主要是教师自我中心观念的顽固性和长期沿袭传统的惰性。由此可见，用现代教育理念去改造和战胜传统教育观念有多么艰难。教师要改变自己，就要在实践探究中学习，总结自己的经验，学习别人的经验，包括向学生学习。通过探究式教学，教师的角色会有一个大的转变——由过去的台前，走到现在的幕后，做一个导演。安排好适当的场景，引发学生的学习动机，使学生从观众变成实际的参与者。

三、探究式教学的理论基础

（一）认知发展理论

认知发展理论认为，个体的智慧和认识是在与环境相互作用的过程中发展的。个体的发展既不是由客体决定的，也不是由主体预先设定的，而是主体与客体不断相互作用，逐渐构造的结果。学习的目的不是获得越来越多的外部信息，而是在与环境的相互作用中掌握解决问题的程序和方法。学习是建构图式的过程，包含一连串的同化、顺应和平衡。学生认知形成的过程是先出现一些凭直觉产生的概念（并非最简单的概念），这些原始概念构成思维的基础，在此基础上经过综合加工形成新的概念，建构新的结构，这种过程不断进行，就是儿童认知结构形成的主要方法。因此，学生认知发展是个体在连续不断与环境交互作用的变化中，在同化和顺应的共同作用下，不断重建的过程。

个体在面临一个新信息时，倾向于把它同化到已有的认知结构中，同化成功则获得一种暂时性的平衡。当原有的认知结构无法同化新信息时，个体才会修改或重建原有认知结构来适应环境，达到一种新的平衡。同化、顺应是一种双向的建构过程，不仅使新信息获得意义，而且丰富、改造或者重组原有的认知结构。它也是一种主动建构的过程，需要学习者积极参与建构，这种积极参与不是形式上摆弄某些材料，而是思维层面的积极建构。探究式学习也不只发生在学生的手上，更是发生在他们的脑袋里，它不是简单地通过实验操作或者各种动手活动验证教材上已有的结论，而是通过提出问题假设、查找资料、分析资料形成结论、交流评价等一系列既开放又严谨的探索过程，使学生获得科学的概念，掌握研究的方法，培养科学的态度和素养。

（二）认知结构理论

认知结构理论认为，学习的实质是一个人把同类事物联系起来，并把他们组成赋予一定意义的结构，学习就是认知结构的组织和再组织的过程，知识的学习就是在学生头脑中形成各学科的知识结构。任何一门学科的学习，最终目的是掌握这门学科的结构，它可以通过一个人的编码系统或结构体系表达出来。

认知结构理论认为，学生不是被动的知识接收者，而是积极的信息加工者，而学习过程也就成了一种主动发现的过程，教师可以通过发现学习把知识转化为适应学生发展的任何形式。发现学习不是首创，但从归纳推理和问题解决角度赋予发现学习科学的理论基础，并对发现学习的行动、要素和步骤都进行了深入细致的探讨。发现学习有以下几个步骤：

第一，提出明确使学生感兴趣的问题，激发他们的兴趣和好奇心。

第二，使学生感觉问题具有某种程度的不确定性，激发他们的探究欲望。

第三，提供解决问题的多种可能的假设，开阔学生的思路。

第四，协助学生收集与问题有关的资料，丰富学生的知识经验。

第五，组织学生审查有关资料，从中推导出结论。

第六，引导学生运用分析思维去证实结论，解决问题。

发现学习强调发现的方法和态度，突出认识是过程而不是产品，这与探究式学习的核心如出一辙。而基于发现式学习提出的假设式教学方式对探究式教学也有重大的指导意义。

四、探究式教学模式与方法

（一）国外的教学模式与方法

关于探究式教学有以下五种最普遍的探究式教学模式：

1. 探究教学模式

该方法通过观察、分析科学家的创造性探究活动之后，结合教学法的因素概括而成。因此它基本遵循着"问题—假设—验证—结论"这样一种程序。这种模式基本上再现了科学家进行探索的进程，对于提高学生的创造性思维能力、推理能力大有裨益。

2. 有结构的探究教学模式

有结构的探究，是指探究教学时，教师给学生提供将要调查的问题、解决问题所要使用的方法和材料，但不提供预期的结果。学生自己要根据收集到的数据进行概括，发现某种联系，找到问题的答案。该探究被称为一级水平的探究活动，或被习惯地称为食谱式活动。

3. 指导型探究教学模式

指导型探究，是指探究活动时只给学生提供要调查的问题，有时也提供材料，学生必须自己对收集到的数据进行概括，弄清楚如何回答探究问题。这种探究被称为二级水平的探究活动。

4. 自由探究教学模式

自由探究，是指在探究教学时学生必须独立完成所有的探究任务，当然也包括形成要调查研究的问题。从许多方面看，自由探究类似于"搞"科学。这种探究被称为三级水平的探究活动。

5. 学习环教学模式

学习环教学模式是一种很有影响的教学模式，被广泛地称作探究教学。该模式有三个阶段：

第一，概念探讨阶段，让学生从事各种探索活动，从经验中产生新观念。

第二，概念介绍阶段，让学生给新观点或经历命名。

第三，概念运用阶段，让学生把新观点运用到不同的背景中去。

学习环模式进一步发展又形成了更完备、更符合学生认知特点的教学程序和教学模式，即吸引、探究、解释、加工和评价。

（二）国内的教学模式与方法

1. 合作探究教学

合作探究教学是指在教师的指导下，学生根据不同层次，以4～6人混合编成小组，在一种积极互助的情境中，为达成共同的目标，分工合作，相互帮助，彼此指导，并以集体的成功为评价依据，最终促进个人发展的教学模式。

（1）合作探究教学的基本要素

第一，要让学生知道他们不仅要为自己的学习负责，而且要为其所在小组的其他成员的学习负责，在探究过程中积极互助。

第二,小组中的每个成员都必须承担个人责任,尽职做好自己的工作。

第三,混合编组要尽量保证一个小组内的学生各具特色、异质、互补,能够取长补短。

第四,学生的社交技能水平既是合作探究的结果又是合作探究的前提。

第五,小组自评或团体反思能保证小组不断发展和进步。

(2)合作探究教学的操作思路

第一,合作设计要合理,应以合作、互动为特点。

第二,提前设定目标,为评价提供依据。

第三,通过自学、小组互助,促进集体成果的积累。

第四,自评与他评相结合。

(3)合作探究教学易出现的问题及解决方法

第一,问题设置太过简单,合作探究流于形式,失去了合作探究的意义。

第二,重探究却忽略总结。

第三,只注重成绩好的学生,不兼顾学习有困难的学生。

针对以上问题,教师提出的"问题"要紧扣课堂讲授的重点、难点,问题要有启发性,并能充分调动学生合作学习的兴趣。教师要引导学生对答案进行总结,使讨论的答案得到统一。教师要特别注意对学生的心理进行辅导,让他们树立信心,同时提供有层次性的问题,使学习有困难的学生也能胜任,强调整体的进步,形成让成绩好的学生主动帮扶学习有困难的学生的氛围;在合作探究的评价中,教师要对不同发展水平的学生有不同的要求,应关注每一个学生,特别是学习有困难的学生。

2. 问题探究教学

问题探究教学模式是以问题为纽带,让学生在提出问题、分析问题、解决问题的探究过程中,来建构知识体系、发展智力、提高能力的教学模式。

(1)问题探究教学的特点

第一,问题是教学的良好开端。

第二,从问题出发,培养学生的思维能力。

第三,师生角色的转变:教师不能单纯地做知识的传授者、讲解者、促进者,还要精心设计问题。

(2) 问题探究教学的实施策略

第一，构建民主平台，树立学生的主体意识。

第二，多角度着手，培养学生的问题意识。

第三，改变备课模式，以问题为核心，以问题为主线。

第四，重组教学组织形式，创造更大的探究空间。

(3) 问题探究教学的操作思路

第一，引发问题：根据学生要学习的知识点的内涵和外延，联系学生知识水平、生活实际，创设模拟情境，引发一系列问题。

第二，组织探究：根据学生心理特点、班级授课制的特点，在教师组织、引导下，让学生紧紧围绕提出的问题进行独立思考、体验感悟、获取感性认识，并与身边的同伴、同学及教师进行探讨交流，澄清认识。

第三，做出解释：教师要引导学生把通过感知获取的直观认识条理化，抓住其本质属性，并将其纳入已有的知识体系，融入已有的认知结构中。

第四，运用深化：让学生运用获取的知识解决具体问题，在解决问题的实践中深刻体悟知识的内涵和外延，升华认识。

(4) 问题探究教学易出现的问题及解决方法

第一，问题设计的整体性不够。

第二，问题设计的层次性不强。

第三，问题设计的开放性不足。

针对以上问题，教师在面对较复杂的问题时，首先，应采取化整为零的设计方法，在把握总体目标的基础上，在设计问题时把总目标细分为一个个的小目标、一个个容易掌握的题目，让其形成问题链；其次，问题的设计要有坡度，层层递进，以点带面，逐渐扩展和深入，使学生从一个个问题的解决中有层次地掌握知识和技能；最后，在问题设计上，还要从能够启发学生多角度多元化的思考出发，答案不要太死，思路不能太窄。要以学生为中心、教师为主导、兴趣为主线，统筹兼顾，让学生积极主动地探索和获取知识。

第三节 体验式教学模式创新

一、体验式教学的背景

英语作为最重要的信息载体之一,已经成为人类生活各个领域中使用最广泛的语言。而英语教育的现状与时代发展的要求还存在差距,传统的英语教学模式以教师讲解知识点为主,忽略了在生活中的实际运用,忽略了学生的主观能动性,使学生在语言运用能力方面得不到充分的发展,更体会不到学习英语的乐趣。学语言就是为了用语言,如果脱离开真实的环境和亲身的体验,那将失去学习语言的意义。

要改变这种状况,课程改革势在必行。改变课程过于注重知识传授的倾向,强调形成积极主动的学习态度,使获得基础知识与基本技能的过程同时成为学会学习和形成正确价值观的过程。这强调了课程的功能要从单纯注重传授知识转变为引导学生学会学习、学会生存、学会做人。因此,教学要从学生的经验和体验出发,密切知识和生活之间的联系,引导学生在实际生活中观察、体验、发现并综合运用各种知识去解决问题,提高参与社会的实践能力。

只有参与体验,才能学会,这就是体验式的教学模式和传统教学模式的最大差异。体验式英语课堂教学就是要给学生带来新的感觉、新的刺激,从而加深知识的记忆和理解,使英语学习的过程转变成一种创造、运用英语的体验过程,让学生在体验中完成学习的任务。英语课程是一项活动课程,学生是教学活动的中心,教师设法引导学生发挥其主体作用,在体验教学实践中促使学生不断产生新的经验、新的认识和新的能力,形成积极的人生态度,促进其个性成长。通过体验教学使学生充分感受到蕴藏于这种教学活动中的欢乐与愉悦,从而达到促进学生自主发展的目的。体验式教学将成为国内新一轮课程改革追求的主要教学方式之一。

二、体验式教学的内容

(一)体验的概念

体验为动词,通过实践来认识周围的事物,亲身经历。教育心理学指出,体验是人在实践中亲身经历的一种心理活动,并在亲身经历中体会知识、感受情感。它包含两种含义,一种是行为体验,另一种是内心体验。体验是一个人对愿望、要求的感受,是主体内在的历时性的知、情、意、行的亲历、体认和验证,是过程和结果的统一。作为一种过程,体验者在其中经历从观察、思考、反思到实践的流程;作为一种结果,它使体验者从对事物的感性认识飞跃到理性认识,形成对事物的独特看法,并且体验者的认识得以深化,情感得以升华。

不同的学者研究体验的角度不同,他们对体验的描述也不同,但可以通过分析、比较得知体验具有本体性、亲历性、情感性、整体性、生成性、自主性、个体性和缄默性等特征。

1. 体验的亲历性

亲历性是体验的本质特征。亲历包括:实践层面的亲历,即主体通过实际行动亲身经历某件事;心理层面的亲历,即主体在心理上、虚拟地亲身经历某件事,也包括两种情况,即对别人的移情性理解,对自身的回顾、反思。体验作为一种和生命、生存密切相关的行为,总是和主体自身的经历相联系。只有当一个人对某种事情、某种生活经历了,并且在经历的过程中有了某种感悟,才能生出体验。

2. 体验的情感性

体验是带有浓厚情感色彩的心理活动。体验的出发点是情感,主体总是从自己内心的情感积累和先在的感受出发,去体验和揭示生命的意义;而体验的结果也是情感,是一种新的更深刻地把握了生命活动的情感的生成。体验的产生离不开情感,通过体验又能生发更深厚、更具意义的情感。有了这种情感的升华,就获得了对生命存在的真切感悟。

3. 体验的整体性

体验是主体基于已有的认知与情感,投入整个身心,对体验对象的整体把握。体验中的认知是对对象的整体认知,体验的过程是包括认知在内的多种心理因素整体发挥作用,体验的结果不只是形成认知、观念,而且还要产生情感、态度乃至人的素质与精神。

4. 体验的生成性

体验是一种伴有情感反应的意义生成活动。主体与环境发生联系时,通过想象、移情等多种心理因素的交融,外部世界在主体心灵中被激活、唤醒,可生成新的意义;体验之后,主体的自我生命感得到增强,精神素质得到提高。

5.体验的自主性

体验总是主体自己去体验,体验的产生需要主体的自主性,在体验中获得的感受、领悟、情感和意义,都是主体通过自主的活动自觉地产生的。体验的过程就是主体获得新的自我认识、自我建构,提升其主体性的过程。

6.体验的个体性

体验总是与体验者个体独有的认知结构、情感态度、价值取向、人生经历发生联系,而每个个体的生命都是独特的、不可替代的,因而体验也是具有个体性的。即使是同一件事情,不同的个体完全可以以不同的方式去亲历,得到不同的认识,产生不同的情感,也就有着不同的体验,正因为主体的体验存在差异,他们之间才有交流和分享的必要和可能。

(二)体验式教学的概念

体验式教学源自体验式学习。人的学习过程分成两类:一类是左脑式学习,另一类是右脑式学习。左脑式学习就是过去很多年学校教育的特点,就是教师传授很多现成的理论和知识,让同学们记熟会背;而右脑式学习则是强调身体力行的体验,就是从亲身的感受中去学习及领悟。左脑式学习重理论,而右脑式学习重实践。所以,体验式学习也可以被看作是右脑式学习,指学习者亲身介入实践活动,通过认知、体验和感悟,在实践过程中获得新的知识或技能的方法。它强调学生的感悟和体验,要求学生充分运用已有的知识与生活经验,在对新情景感知的基础上,通过体验获得新知识。体验式学习注重为学习者提供真实或模拟的情境和活动,让学习者在人际活动中充分参与来获得个人的经验、感受并进行交流和分享,然后通过反思和总结获得经验的提升,形成理论或成果,最后将理论或成果应用到实践中。体验式学习对培养学生健康的心理素质和积极进取的人生态度,增强团结合作的意识能起到积极的作用。

(三)体验式教学的特点

1.体验式教学尊重生命的独特性

尊重生命的独特性就是尊重每一个学生的独特性、相异性,懂得每个人都是独特的自我,对学生个性给予接纳和肯定,对学生的不同思想、不同见解能够宽容与支持,不会用统一的标准衡量所有的学生,了解每个学生的长处和不足,知道每个学生学习方式的不同,善待处于弱势的学生,让每一个学生都能在教学中获得成功的机会,体验到生命成长的快乐。

2.体验式教学善待生命的自主性

人天生对环境充满了好奇,有着认识外部世界的本性,喜欢自己去追问、去探寻、去创造,并在此过程中展现生命的力量、理解生命的意义。人还天生具有自我认识、自我发展的本性。体验式教学让学生在学习中主动地探索外部世界,自觉地认识自我、追寻自我、提升自我。

3.体验式教学理解生命的生成性

体验式教学明了生命的发展性、未确定性以及由此而具有的生成性。教师不会用事先设定的目标约束学生、限定学生,不会把外在的目标强加给学生,不会只注重未来的结果,而忽视学生在当下学习生活中的生命状态。他懂得学生总是在变化着、生长着,他们在不同的学习阶段有着不同的生命体验,教师所要做的是为学生创设一个有助于其生命充分生长的情境,把学生的生命力量引出来,使学习过程成为学生生命成长的历程。

4.体验式教学关照生命的整体性

人的生命具有最丰富的内涵,人不仅有认知,还有情感、态度和信念。体验式教学不只是让学生对知识进行认知、积累和加工,还要让学生通过体验与反思使知识进入内心世界,与他们的生活境遇和人生经验融合在一起。体验式教学让学生的认知、情感、意志、态度等都参与到学习中来,使学生在认识知识的同时感受和理解知识的内在意义,获得精神的丰富和完整生命的成长。

5.体验式教学重视生命的平等性

体验式教学中的师生关系是通过教学中的交往、对话、理解而达成的"我—你"关系,而不是传统的"接—收"关系。在传统的教学中,教师的主要作用是讲授和传递书本知识,学生则是被动地接收知识,这种师生关系只是一种单纯的知识传递关系,教师漠视学生的独特性、自主性,师生之间很难有平等的对话与交流,因而难以形成积极的情感体验。而师生之间的"我—你"关系不只是知识传递的关系,而是有着共同话题的对话关系。在对话中，师生进行着知识与智慧的交流，感悟着生命的意义与价值，相互尊重，彼此信赖与激励。教师总是为学生彰显各自的生命力量、发展各自的独特精神提供一个广阔、融洽、自主的空间，让学生的心灵得以自由舒展、生命意义得以真正实现。

三、体验式教学的理论基础

任何一种教学方式都有它自己的理论基础，体验式教学的理论依据来自教育学、心理学和哲学，还有相对应学科的理论基础，有做中学、人本主义教学思想、建构主义教学理论、心理情感理论和生活情景理论。

（一）做中学

做中学提出，人们获得客观世界相关知识的途径是与这些客观世界的直接接触，即亲身体验。杜威认为教育的本质是成长，成长就是经验的不断改组或改造。经验只有在生活的动境中才能发生、才能改造，即只有在行动中、在实践中、在与环境的相互作用中才能有真正意义的成长。他把教学过程看成是做的过程，也是经验的过程。只有通过做才能获得经验。体验式教学就是为学生提供体验的机会，使其在体验中建构知识，获得成长。

（二）心理情感理论

情绪心理学研究表明：健康的、积极的情感对认知活动起积极的发动和促进作用，消极的不健康的情绪对认知活动起阻碍和抑制作用。在体验式教学情景中，教师就是要通过引导学生对教学情景的体验，调动学生相应的积极的、健康的情感体验，激发个体的主观能动性，提高学生的学习积极性，达到通过体验获得相应的认识和情感的教学目的，使学习活动成为学生主动进行的、快乐的事情。

（三）生活情景理论

生活情景理论告诉我们，生活是由人在其中的无数情景组成的。处于一定情景之中的人作为认识活动和实践活动的主体，通过与情景的相互作用而不断地适应外部环境，同时也在不断地改造着外部环境。教学就是教和学双方为实现一定的目的、围绕一定的内容而展开的一种特殊情景。体验式教学所创设的情境，是人为有意识创设的、优化了的外界环境，让学习者置身于这种经过优化的特定的客观情境中，不仅影响其认知心理，使学生从形象的感知达到抽象的理性的顿悟，并且促使其情感活动，激发学生的学习情绪和学习兴趣，积极主动地参与学习，从而引发学习者自身的成长。

（四）体验式教学的理论简评

体验式教学注重认知主体主观能动性的发挥和自主信息能力的培养，符合信息时代的要求，是较为理想的创新性教学模式。体验式教学注重学生在认识中的实践感受，彰显了以人为本的教学思想。体验式教学有利于学生的全面发展和能力培养，对教师的素质提出了更高的要求。体验式英语教学法体现了交际教学的原则，反映了当代英语教学理论的新进展，与英语教学界一直提倡的任务教学法和交际教学法紧密相关。体验式教学强调在学习过程中学生的参与和体验，显然，并不是所有的学习领域和学习主题都需要用体验学习方式来进行。教师要根据教学内容，依据恰当、合理的教学目标，整合适当的教学资源，按照提供情景、自主体验、相互交流、归纳迁移的程序，设计学生的学习活动。

四、体验式教学的模式与方法

（一）国外体验式学习模式与方法

尽管国外体验式教学思想源远流长，但对体验式教学的研究甚少，研究者们把注意力集中在对体验式学习的探讨上，尤其是体验式学习模式的研究。

将体验学习作为一种独立的学习方式来发展的是一名毕业于牛津的博士，他深刻地认识到学校教育的局限性，认为学校教育早已不能完全提供学生平衡成长的机会与空间，为了帮助学生平衡他们的智力和体力成长，他研究了一套用于弥补这些缺失的教育方式，提供学生亲身体验挑战、突破和冒险的成长经验，来提高学生的体能，强调发展健康的生存方式，反对竞争行为。例如：团队形成及进阶游戏、人际互动沟通协调游戏、突破创意思考游戏、野地探险体验、绳索冒险挑战，还有探险、攀岩、沙漠等活动，激发个人在群体活动中的动力。体验学习可以描绘成这样一个四阶段的循环周期，在这个周期里，具体的体验是观察与反思的基础，观察的东西会同化到由于演绎推理所产生的心得认识或理论中去，然后这些认识或假设作为行动的指南将会指导将来的行为，产生新的体验。这不是一个单纯的循环，而是一个"螺旋上升的过程"，一个从体验到认识，从认识到总结再认识，从再认识到实践的一个循环往复的过程。正是有了认识的不断循环上升，学习者的学习主动性和积极性才得以增强。

（二）国内体验式教学模式与方法

体验式英语教学是在目前英语教学理论的发展基础上，借鉴体验式学习的优势而提出的。人类语言离不开具体的体验感知，语言是通过人们运用自身的五官对现实世界的"互动体验"和"认识加工"形成的。由于英语是一种交流的工具，英语学习的有效途径是边学边用，这符合体验式学习的特征。体验式教学主张在教学活动中，学生不再是被动的知识接收者，而是从行为和感情上直接参与到教学活动中来，通过自身的体验和亲历来建构知识。

在体验式教学过程中，教师尽可能地为学生提供可听、可看、可触摸、可经历、可操作的机会，运用各种体验教学方式尽可能地把抽象的知识还原成事实，让学生面对需要去思考、讨论、合作，让学生去体验事实、体验问题、体验过程、体验结论，使学生在教师引导下真正感受到感情与思想的萌生、形成和交流的过程，感受到引人入胜的探究过程。

体验有实践层面的体验，也有心理层面的体验；既可以通过学生主体亲身经历某事来展开体验教学，又可以通过学生主体在心理上对自己或他人的"亲身经历"的再现来进行体验教学。体验教学的模式和方法主要有反思回味式、心理换位式、交流互动式、情景沉浸式、实践活动式和艺术陶冶式。

1. 反思回味式（自我再体验）

学习主体通过现象、联想、记忆，把自己经历中最值得珍视的生活事件（包括成功、失败、快乐和苦恼）进行过滤和反思，即从心理层面上重新"经历"主体以前的经历，以引发相应的体验，这样的体验具有回顾和反思的性质，这种"自我再体验"就是反思回味式，如追忆情景体验法。

2. 心理换位式

让学生从心理层面上去亲历或模拟某个角色，从中体验与该角色相符的思想、观点、情感和行为；或虚拟自己经历了某件事，联想事情的前因后果，从中体验事件的意义。也就是主体从心理上扮演他人的角色，虚拟经历他人的亲身经历，这样的体验具有移情的性质，这种移情性的对他体验就是心理换位式，如角色扮演体验法、学生讲课法、换位体验法。

3. 交流互动式

让学生在相互交流、讨论中，在不同意见的碰撞中去领悟学习内容中只能意会的知识。这种体验的教学形式多为在学生充分准备的基础上，以小组为主要形式开展学生间的相互交流、讨论。教师要设计恰当的讨论主题，主题可以由教师提出，也可以由教师引导学生提出，如体验交流法。

4. 情景沉浸式

在教学中教师根据特定的教育内容和学生实际设定某种情景，如：恰当运用实物演示情境，借助图像再现情境，播放音乐渲染情境和扮演角色体会情境等手段，强化学生的情感体验，让学生在这种情景与学习内容的结合中产生联想和情感的共鸣，从而领悟学习内容中只能意会的知识。教师的重要任务是如何巧妙设计情景，使大多数学生都能沉浸在情景中，发生联想和产生情感的共鸣，这就是情景沉浸式，如媒体情景体验法、多媒体教学体验法。

在课堂教学中，要创设生动逼真的情景使用最多的就是多媒体。多媒体往往能传递生动形象的画面，悦耳动听的声音，具有很强的视听效果。它能够使声音与图像结合、语言与情景结合、视听与听觉结合，便于创造语言运用的真实情景。多媒体的动画画面所展示的仿真环境使学习者有身临其境的感觉。以往一些需要教师反复指导练习、记忆的内容，现在通过一些活泼的动画，栩栩如生的描述得以实现，充分调动了学习者的视觉功能，让学生感知、体验，身临其境，激发"说"的欲望，从而更有效地参与学习过程。

5. 实践活动式（本原性体验）

这是一种本原性体验，就是体验主体在实践意义上亲身经历某事并获得相应的知识和情感。例如：让学生在学习中动手操作或进行某些学科、社会实践活动和研究性学习活动，在这些活动的经历中去体验，从而加深理解和产生认识、情感、行为的变化。实践活动式主要包括社会实践法、课内外主题活动体验法、课内外探究活动体验法、实践体验法等。

知识来源于生活，又服务于生活。课堂教学就是一个由生活转化为知识，而又用知识去认识生活的过程。所以,教师要尽可能将课堂延伸到课外,使学生所学知识、兴奋点、疑问点均能伴随学生走出教室融于学生的课外生活中,开展相应的第二课堂和社会实践活动,能使学生在活动中得到内在情感的体验与升华。

6. 艺术陶冶式

是组织学生在艺术陶冶中激发起他们的体验。艺术是对生命体验的表达,如果说科学的世界是人类理性的世界,那么艺术的世界就是人类情感的世界、体验的世界。艺术作品是人类情感的表现形式。活动需要教师从教学要求角度设计,并给学生以帮助和指导。实践活动和研究性学习的研究主题可以由教师给出,但应当给学生一个自由选择的余地。

总之,体验式教学的模式和方式多种多样,关键是教师要在教学内容中融入学生的年龄特点和需求,选择适当的方法和切入点,创设恰当的体验学习情境,让学生在和谐的学习活动中体验、感悟和认知,既保证体验学习的时效性又保持体验学习的多样性,使每一次体验教学都成为学生对客观世界的领悟,对生命意义和生命价值的体验。学生不同、教师不同、教学条件不同,体验教学的方式和方法也应该是多样的。

第四节 多模态教学模式创新

一、多模态英语教学的背景及其现状

在现代信息技术高度发达的今天,人类的信息交流与互动已呈现出了多元化的方式,除了口头表达和读写方式外,多媒体技术和计算机技术的飞速发展为人类的信息互动活动提供了更多的选择。图画、动画、声音、图表、颜色、编排等多模态手段大大丰富了语义表达的形式。基于这些媒介所发生的交流与传播产生了各具特色的意义建构的语域。多元文化的相互渗透与信息技术的快速发展,也导致了交流与传播领域发生着一场变革。这场变革使得语言的中心地位在公共交流中被移动。一种全新的多模态表达形式已经深入到人们生活的方方面面,诸如声音、图像、颜色等在人们传统观念中被看作是副语言的表现方式正逐步占据中心突出的位置。

"多模态"一词由来已久。生命科学的研究成果告诉我们，生命体在演化过程中逐步获得视觉、听觉、嗅觉、味觉、触觉等五种不同的感知通道。上述五种感知渠道的获得分别导致以下五种交际模态的产生：视觉模态、听觉模态、触觉模态、嗅觉模态和味觉模态。在上述模态中，与话语分析关系最紧密的是视觉模态和听觉模态。目前，与多模态话语分析相关的课题研究很多。对一次以多模态化为主题的国际应用语言学研究会的议题进行归纳，可以看出多模态话语分析主要涉及如下几个方面：

第一，多模态化和新的媒体。

第二，在学术和教育情境下的多模态化的应用。

第三，多模态化与识读实践。

第四，多模态化语料库的建立。

第五，多模态化和类型学。

第六，多模态化话语分析及其理论问题。

语言教学的发展在上述时代背景之下也获得了相应的启示：如何在语言教学中利用一切符号手段来促进教学，同时激发学生学习的兴趣和提高学生学习的积极性。多模态化教学以社会符号学为视角，以功能语法为理论基础，提出在人们传统习惯中被认为是副语言的图像、音乐以及一些视觉符号等在交流中已不再处于辅助地位，而是与文字符号一起参与意义构建。也就是说，在交流活动中不同符号模态有机地混合在一起，在一个特定的文本中共同构建意义的各种方式。每种符号都有各自不同于其他符号系统的特点。他们认为，培养学生的多元读写能力和多模态意义是语言教学的主要任务。

二、多模态教学的理论基础

多模态英语教学通过多种模态同时刺激听话者的感官，调动学习者多种感官协同运作，以加深印象、强化记忆、提高交际的有效性。它以功能语法为理论基础，以社会符号学为视角。为了达到调动学习者多种感官协同运作的目的，在具体的教学中采用不同的媒体与信息传递方式进行学习。模态与媒体之间的关系归根结底是话语和技术的关系，两者存在着内在联系的这种思想有传播学的理论依据。

（一）系统功能语言学理论

系统功能语言学把语言当成是人类交际的其中一种资源，探究的是人们如何运用语言去表达自己的思想和达到交际的目的，因此涉及的面非常宽广。系统功能语言学，主要由融为一体的系统和功能两个部分组成。系统是由一系列语言功能选项组成的集合，功能是系统中体现的语言意义和价值。该理论以语义为核心，建立在一个基本假设之上，即在最底层上，一切语言都离不开交际中的语言运用本质。根据系统功能语言学理论，语言要同时体现概念功能、人际功能、语篇功能三种元功能。概念功能，即语言表达人类的经验和逻辑关系的功能；人际功能，即语言表达交际者之间的交流关系和角色关系以及社会地位的功能；语篇功能，即语言表达语篇和语境的关系以及语篇内部的组织的功能。

多模态英语教学的理论即从系统功能语言学那里接受了语言是社会符号和意义潜势的观点，认为语言以外的其他符号系统也是意义的源泉；接受了系统理论，认为多模态话语本身也具有系统性；接受了纯理功能假说，认为多模态话语与只包含语言符号的话语一样，也具有多功能性，即同时具有概念功能、人际功能和语篇功能；接受了语域理论，认为语境因素和多模态话语的意义解读之间有着密不可分的联系。

系统功能语言学可以作为多模态话语的理论框架。这个框架主要由五个层面的系统组成：

第一，文化层面，包括作为文化的主要存在形式的意识形态和作为话语模式的选择潜势的体裁或者称体裁结构的潜势。

第二，语境层面，包括由话语基调和话语方式组成的语境构型。

第三，意义层面，包括由几个部分组成的话语意义及概念意义、人际意义和语篇意义。

第四，形式层面，实现意义的不同形式系统，包括语言的词汇语法系统、视觉性的表意形体、听觉性的表意形体和听觉语法系统。触觉性的表意形体和触觉语法系统等以及各个模态的语法之间的关系，分为互补性和非互补性的两大类。互补性包括强化和非强化两类；非互补包括内包、交叠、增减、情景交互。

第五，媒体层面，是话语最终在物质世界表现的物质形式，包括语言的和非语言的两大类。语言的包括纯语言的和伴语言的两类，非语言的包括身体性的和非身体性的两类。

身体性的包括面部表情、手势、身势和动作等因素；非身体性的包括工具性的，如PPT、实验室、实物（投影）、音响、同声传译室等。

（二）社会符号学理论

社会符号学以系统功能语言学为基础。社会符号学关注的是特定于某一文化某一社团的符号实践。社会符号学优先研究的是把指称行为作为实例，并把社会的指称实践作为经常的、可重复的、可识辨的类型。它认为社会有意义的行动构成各种文化（社会符号系统），文化就是相互连接的对社会具有意义的实践系统。依赖这种系统使这些实践和其他实践具有意义，不仅仅是通过清晰的信息传递，也通过所有形式的对社会有意义的活动（说话、画图、衣着、烹调、建筑等）。

模态是可对比和对立的符号系统，比如：感受客观世界的视觉、听觉、触觉、味觉、嗅觉是不同的感知模式，再具体说，写文章、唱歌、跳舞是采用符号表达情感的模式。教室中的多模态信息传递有三个理论基础：首先，物质的媒体经过社会长时间的塑造，成为意义产生的资源，可表达不同社团所要求的意义，这就成了模态。所有模态具有表达意义的潜势。非社团成员不能全部懂得这些意义，因为模态和意义具有社会的和文化的特殊性。其次，作为言语的语言模态和作为书面语的语言模态以及其他模态往往是交织在一起的，在信息传递语境下它们同时存在同时操作。这种互动本身就产生意义。使用者经常对表达和信息传递的模态加以改变，以适应社会的信息传递需要，这样已有的模态被改造，新模态被创造。

（三）认知心理学理论

现代认知心理学是以信息加工观点为核心的心理学，又可以称为信息加工心理学。它研究与人的认识活动相关的全部心理活动，包括知觉、注意、记忆、言语、问题解决和推理等。认知心理学理论认为，学习是构建意义的行为。构建意义是指学习者在与外部环境互动时，构建自己所理解的意义。学习行为分三个过程：外部环境互动，获取信息；大脑处理外部环境互动获取的信息，构建意义；学习效果的外部行为表现，获取实践能力。信息获取方式包括：视觉、听觉、触摸、嗅觉、味觉、空间感和身体效仿。构建意义时，大脑通过视、听、触、嗅和味五个模态（感官）处理与外部互动信息。实践能力包括听、说、读、写、译、模态等能力。模态是可对比和对立的符号系统，媒体是符号分布印迹的物质手段，例如产生语篇采用印刷的或手写的手段，说话时发出的声音，身体的动作，或计算机显示器上的光脉冲。

多模态英语教学在各种模态的协调合作状况下，有效地避免了英语课堂教学教师"一言堂"的传统教学模式。通过借助于多种教学方式和教学手段将学生的口、鼻、耳、身体等调动起来参与语言的学习。

（四）媒体是人体的延伸理论

传播学理论家总结出以下论点：

第一，媒介即信息。人类社会思想、行为等的发展变化，取决于传播媒介的性质，而不是取决于传播的内容。这里的媒介，除指大众传播媒介外，还泛指一般工具或科学技术，如电报、火车、飞机、印刷术等。

第二，媒介是人体的延伸，媒介的第一位功能不在于传播信息，而在于人体某部分的延伸；而每一项新的创造，都会引起人类生活或社会结构的变化。拼音字母的视觉分离性曾使原始社会解体，而电子媒体的出现则把人类紧密地联系在一起，使全世界变成一个"地球村"。

"媒体是人体的延伸"理论对媒体的本质进行了分析，给教育带来了诸多方面的影响。在教学过程中，教学媒介是学习者人体的延伸，扩大和提高了人的感觉和思维能力。比如：无线广播、麦克风等是对学习者听觉的延伸；图片、报刊、实物展示等是对学习者视觉的延伸；电影、视频以及多媒体教学工具的使用是对学习者视听觉的延伸。由于电子媒体阶段的到来以及众多现代教学媒体的产生，教师在教学过程中不再是单一的书本知识的教授和灌输。教师可借助于各种教学媒介，如投影仪、多媒体、图片、影视视频等调动学生的各种感官协调运作，从而达到提高教学效率和学生学习兴趣的目的。

（五）媒体选择定律

施拉姆公式是被称为以经济学"最省力原理"为基础提出的计算受众选择传播媒介的概率公式，用于表示某种媒介被受众选择的可能性的大小：受众对某一媒介的选择概率，与受众可能获得的收益与报偿成正比，与受众获得媒介服务的成本或者费力的程度成反比。

最省力原则揭示了在人类行为中普遍存在的、用最小付出获得最大收益的基本行为准则和选择媒体的最优决策的依据。

媒体的功效是指教学媒体在教学过程中为了达到预期的教学目标，所起作用的大小程度，也就是通常所说的媒体在教学中的使用目标。教师在具体的教学过程中要依据教学目标、教学内容、学习者的特点以及教学条件等选择教学媒体。付出的代价越小，可能得到的报酬越大，则媒体的预期选择的概率也就越高。依据这一原则，可以充分利用教学媒体提高教学效率。

三、多模态教学的选择原则

将多模态运用到语言的教学中，即在语言学习过程中将学习者的眼、耳、手、口等都调动起来，使得抽象、单一的语言学习内容转变成为形象、多样、生动的动感内容。作为一种教学理论，它主张利用网络、图片、角色扮演等多种渠道、多种教学手段来调动学生的多种感官协同运作参与语言学习，强调培养学生的多元读写能力。尽管多模态的教学方式可以为英语教学注入活力，活跃课堂气氛，但是在具体的教学操作过程中，采用多模态的教学方法在选择多模态时要遵循必要的原则以突出知识点，帮助学生记忆和提高学习成效。模态选择的总原则是充分利用现代媒体技术，最大限度地充分表达讲话者的意义，取得最佳效果。在多模态话语交际框架下，对模态的选择可以从三个原则考虑进行：有效原则、适配原则、经济原则。有效原则和适配原则都有自己的次级原则。

（一）有效原则

有效原则表示选择任何一个模态都要以取得更好的教学效果为前提，避免无效使用某个模态，或者其所产生的负效应等于或者大于正效应。多模态在教学中的应用有助于加强学生的记忆。但是，不考虑教学效果甚至于分散学生注意力的无效模态的组合并用是毫无意义的。有效原则又包括工具原则和引发原则。工具原则是指在教学中，某种模态为教学主程序提供便利，如提供真实语境等。利用多媒体技术可以为师生的教与学提供尽可能真实的语境。比如：利用从真实交际场景中得到的录像材料作为英语教学的学习材料，让学生了解和认识真实语境的实际情况，使获得的语境知识更加具体；或者提供真实的语境图片、文字等帮助学生了解真实的交际环境等。多模态交际可以让学生从多方面获得信息，比使用单模态话语更容易让学生理解和记忆。引发原则是说现代技术还可以从内部提供动力，使学生从内心愿意从事这种活动，把外因转化为内因。例如：通过提供鲜艳、新奇的图片、特殊的物体、有趣的简笔画、艺术字等吸引学生注意力从而激发学生的学习兴趣。

（二）适配原则

适配原则表示选择不同的模态时，要考虑不同模态之间的相互配合，以获得最佳搭配为标准。例如：口头讲解和对话练习都是有效的方法，如果学生在对话练习的过程中教师要做口头讲解，则会影响学生对话练习对语言应用能力的培养，产生不了应有的效果。

适配原则的次级原则包括抽象具体原则、强化原则、协调原则、前景背景原则。

抽象具体原则是指在英语教学过程中遇到抽象、晦涩难懂或陌生的知识时，教师可以通过选择其他模态方式来提供具体信息，进而使学生能更清楚地理解所教的内容。以英语教学的语音教学为例：教师在教授语音知识时，给学生口头介绍音标的发音规则时，学生所获取的知识是抽象的。如果教师借助声音、口型、发音图等展示具体的发音则将抽象的发音方法变得形象化、具体化和直观化，学生也能直观形象地了解和把握音标发音的基本要领。

强化原则指在教学中利用多种模态强化学生对语言知识的理解。比如：在教学过程中呈现文化背景时，可以采用PPT、幻灯、影视等方式来代替单纯的教师口述的方式给学生进行呈现。以教师介绍圣诞节的文化为例，教师可以首先以口述的方式介绍圣诞节的由来和庆祝方式。同时，教师可以展示代表圣诞节的标志，如圣诞树、圣诞老人、圣诞礼物等图片或照片。如果条件允许的话还可以借助影视媒体，播放以圣诞为主题的电影。文字与口头描述再配以图片和电影的强化，使得学生对语言知识的理解变得更为深刻。

协调原则是指利用多模态之间的协调性还原人类社会交际的本来面目，即由一种媒体不能独自完成的交际任务可以由其他媒体来补充。该原则强调模态之间的协调性而非过度使用其他模态方式，模态的选择应该建立在教学的需求之上。各个模态之间相互结合、协调运作而非任意结合、相互抵消与排斥。例如：在写作教学中，如果教师利用PPT在授课过程中穿插过多的动画、图片甚至于播放音乐则会弱化教学重点，分散学生学习的注意力。

前景背景原则是指在英语教学中，语言交际都是处在前景中，即为主要模态，而其他模态则提供背景。比如：在英语视听说课程中，处于前景的是观看电影之前有关电影背景、人物以及情节的相关介绍以及电影观看完成后进行的主题讨论等；电影的播放则被背景化，起辅助作用。

（三）经济原则

经济原则是指由于教学模态的选择是在最优化和最简单化的矛盾之中进行的，这里所讲的最简单化就是指从经济的角度讲，模态的选择则是越简单越好。由于多媒体等现代化技术设备的应用可以提高教学的效率与效果，虽然它们价格昂贵设置复杂，但依然是很多教师首选的教学媒体。因此为了最大限度地表达说话人的意义，达到最佳的教学效果，教师在选择多媒体技术作为教学媒体时也应该本着简单经济的原则。因此，教师在模态选择时也可以考虑使用图片、贴画、彩卡等其他媒介方式增强教学效果。

四、多模态英语教学的实践

下面将从语言教学的听、说、读、写四个方面提供多模态英语教学的具体操作实践指导。

（一）多模态听力教学的实践

网络环境下多模态听力教学的构建，其主要内容包括听力教学中的五个模态转换。

1. 准备环节的模态转换

使用图片、影视或 PPT 等引出听力背景的介绍，激发学生的学习兴趣；借助图片等方式提供与听力材料相关的单词介绍并让学生看图说词，让学生在多媒体和教师之间开展互动。

2. 呈现环节的模态转换

是信息的获取和意义构建阶段，此环节涉及模态间的协作。首先展现给学生的是与听力材料相关的图像，并通过色彩、光亮、突出的字体强调重点信息，这属于视觉模态；教师可以借助文本提供具体信息，弥补图像中的具体信息的遗失；来自不同学生的音调、语速、发声的时间相互配合，完成信息的传递，这是听觉模态。听觉是主模态，视觉模态是对听觉模态的强化，使听觉信息更加清晰、准确；文本信息是对听觉信息的补充，弥补听觉缺失的或听话者没有完全接收的信息。

3. 练习环节的模态转换

在学习效果外部行为表现阶段，通过采取听说结合与听写结合等方式，或是泛听理解主旨和精听配合练习来让学生对短时记忆的信息重组与编码。通过多模态教学充分调动学生各感官，从信息获取到意义建构，再到学习效果的外部行为表现。

4. 评估环节的模态转换

用记录和练习的形式评估学生的信息理解，学习者对所听内容的理解除了依据大脑的短时记忆外，笔记是提供再认知的主要渠道。记录的质量来源于对内容的理解，对大脑记忆信息与笔记内容合成后的意义建构。听力教学主要以听的形式完成学习任务，听音做笔记既能吸引学习者的注意力，又能促进信息的吸收不断被强化、更加精确和彻底。同时，让学生带着任务进行的听力也是评估环节的模态转换；学生首先听音；在听音时带着任务，即了解要解决的问题和完成的练习；根据对所听内容的理解和短时记忆，完成相应的练习，比如选择题、填空题、判断正误题、写摘要等。

5. 延伸环节的模态转换

主要是单语到双语模态的转换，学生对材料语言信息进行分析、重组、编码，然后用另一种语言表达。

（二）多模态口语教学的实践

从某种意义上讲，口语课堂自身就涉及听觉模态和视觉模态之间的转换，这是由口语课口头交际的进程决定的。首先，从听觉模态来讲教师和学生都有对话，而学生作为口语交际实践主体，话语比例要高于教师；其次，利用黑板、PPT或影视等方式展现口语主题、文化背景和单词句型等都是口语课堂视觉模态的体现。口语课堂即在视觉模态和听觉模态之间交替转换。因此，多模态口语教学过程中主要应注意加强各模态之间的协同关系和相互强化关系。教师在以口语为主模态的口语教学过程中可以有效地利用黑板、PPT、相关的图片、实物等来提高教学效果；学会使用和创造教学环境以提高教学效率；学会利用身体移动、手势、面部表情、语言等尽量缩短教师和学生之间的距离，创造轻松的氛围，在讲台和学生之间移动,把学生的注意力吸引到当前的学习任务上来;教师要学会利用工具和设备,特别是现代教学媒体,如用PPT、同声传译室、录像、电影等模拟真实语境;学会转变课堂教师为主导的现状,教师应该积极为学生提供和创造口语交际实践的机会,使他们成为听觉和视觉模态的发出者,而不总是被动的接收者,如值日报告、对话练习、角色表演等。

(三)多模态阅读教学的实践

传统的教师讲、学生练的语言阅读教学模式使得语言教学课堂显得单一和枯燥,无法调动学生学习的积极性,也很难达到培养学生多元读写能力和英语综合运用能力的目的。因此,教师应利用多模态英语教学的优点,构建新的阅读教学课堂模式,激发学生学习兴趣,达到英语阅读教学目的。

多模态教学强调感官并用,达到强化记忆的作用。在阅读教学的过程中,教师可以通过PPT展示文章的文化背景、重点单词等,调动学生多感官共同运作,从而加强学生对背景知识难点的理解以及单词的记忆。

多模态教学提倡运用多种教学方法,如交际法、互动听说法、全身反应法等。在阅读教学中,根据不同的教学内容和要达到的教学目的,教学方法也要随之改变。比如:在教授学生通过语篇理解句意的阅读能力时,教师可以采用学生小组讨论、口译或笔译练习等代替教师分析语篇的单一教学模式,这样可以增强阅读课的兴趣性和操作性。

(四)多模态写作教学的实践

在写作教学的课堂中,教师可以通过不同模态的转换和互补,使得学生接收的信息输入的方式更多元化。学生将图像、言语、声音等进行感知、理解、编码、储存,教师通过多种模态的转换利用,充分调动学生获取接收知识的能力。

传统的写作课程是教师讲授,学生听、记、写的模式,尽管在条件较好的学校,教师也会使用投影仪或PPT做范文展示,但是教师教授课程的主导地位依然没有改变,学生依旧是被动的接收者。在写作教学课堂中应用多模态英语教学方法,可以在很大程度上提高学生的参与积极性。

第七章 英语文化教学方法创新

第一节 英语文化教学方法概述

一、文化教学的原则

确立文化教学的原则是为了有计划、有目的、有层次地将语言和非语言所负载的文化内容纳入外语教学之中,将传授语言与介绍文化在同一个层面上展开,以达成语言学得和习得与文化学得和习得的一致性,从而帮助学生有效克服因文化差异而产生的交际障碍。

(一)相关性和实用性原则

语言学界普遍认为,文化内容涉及社会生活的各个层面,但是在实际英语教学中受各种客观教学条件的限制而不能面面俱到,因此在实际的英语教学中应遵循相关性和实用性的原则,重点传授与学生所学内容相关、与日常交际所涉及的主要方面相关,以及与跨文化交际相关的文化内容。文化内容是纷繁复杂的,并提出在英语教学中应该遵循适度原则和主流原则。尽管这种提法与大家的说法不一致,但从本质上讲,相关性原则和适度原则是相通的,实用性原则和主流原则是相通的。为了达到一致,将其统一成相关性和实用性的原则。有学者对相关性原则和实用性原则做了进一步解释,并提出文化教学应做到既要从文化的角度学习语言,又要从语言的角度学习文化。

(二)层进性原则

英语文化教学具有阶段性、层次性,在教学中应该遵循层进性的原则。这就意味着,教师在英语文化教学中应根据学生的语言水平、接受能力、领悟能力等确定文化教学的内容,由浅入深、由简单到复杂、由具体到抽象、由现象到本质地进行文化教学。

外语教学应考虑以下三个层次：语言的结构层次，语言结构的文化层次，语言的语用文化层次。文化导入的这三个层次是不可分割的有机体，只是在实践中各有所侧重，在不同阶段应该导入不同层次的文化教学，循序渐进地进行。

文化教学存在两个层次，即文化知识层和文化理解层以及连接这两个层次的文化意识教育。文化知识层培养的是具有观光客型生存技能的语言学习者，而文化理解层培养的是具有参与者型跨文化交际能力的语言学习者，文化教学的定位应是以文化知识为起点，文化意识为桥梁，文化理解为最终目的。

文化教育具有"阶段性"，因而把文化教育划分为"文化知识层次的教学与文化理解层次的教学"，文化知识层的教学主要传授的是知识文化，不直接影响交际的背景知识；文化理解层次的教学主要传授的是交际文化，即直接影响交际的背景知识和文化模式。

（三）多元互动原则

为了适应时代的发展，与多元的社会和跨文化交际的语境相配合，语言文化教学应采取多元互动的原则。为了适应时代的发展，与多元的社会和跨文化交际的语境相配合，语言文化教学应采取多元互动的原则。

（四）对比性原则

对比可以更加深入地理解不同的文化概念，还能帮助避免不同的文化行为，从而避免根据自己的标准来解决他国的文化行为，也可以避免把自己的文化带入其他文化情境中去。实际上，学生经常犯文化类知识的错误，原因就是缺乏对文化差异的了解，只关注文化的相似性，却忽略了文化的差异性。

在英语文化教学中，教师可以引导学生进行以下方面的对比：

第一，词汇方面的文化内涵。

第二，习惯用语方面的文化背景。

第三，句法方面的语法运用。

第四，演讲方面的语言风格。

需要指出的是，教师和学生应特别重视英语教学中词汇和短语的文化内涵，因为它们反映了文化，它们也是构成语言的基本材料。在文化教学中，教师要抛砖引玉，组织、引导学生在课后收集资料，了解中西文化的差异，不断积累文化知识，提高学生的跨文化交际能力。

由于不同的文化产生不同的看法，不同文化背景下的生活方式、价值观念、思考方式、社会规范、文化冲击和文化冲突难以避免。但是，如果密切关注不同文化的差异，并时刻注意对比它们，就可以加深对其文化的了解，消除彼此间的误会，从而减少甚至避免由于文化的冲突而引起的暴力行为和武装冲突等。

（五）有序性原则

有序性原则具有两层含义：

第一，指文化教学内容的编排要体现文化知识本身的逻辑结构及其系统性。

第二，指文化教学的活动要结合文化知识本身的逻辑结构和学生的身心发展情况有次序、有步骤地展开。有序性原则既是文化知识本身系统性的要求，又是教学制约学生身心发展规律的反映。

总之，要遵循有序性原则应做到下面两点：

第一，在选择文化内容时，既要注意各个层次文化知识内部的系统性和序列性，又要注意各个层次文化内容之间的相关性。

第二，在编排文化导入的内容时，要根据学生的认知特点和思维发展规律科学、合理地安排不同学习阶段文化导入的内容。英语文化教学的内容安排要从简单、具体的文化事件到概括性的文化主题。相应地，英语文化教学目标的要求也应根据不同学习阶段学生的学习特点制定。换句话说，要从以感性体验、感性认识为主逐步向以理性认识和理解为主过渡。

（六）知识传授与实践相结合原则

知识传授与实践相结合原则要求教师除了要向学生传授文化知识，还要努力为学生创造机会，使他们能在真实或模拟的情境中运用所学知识，以加深他们对所学知识的理解，并培养他们运用所学知识的能力。将知识学习与实践相结合既符合知识学习的规律，又符合文化教学的要求。因为学习任何知识都需要经过选择、领会、习得和巩固这四个阶段，它以掌握为目的，以应用为结果。上述知识学习的过程就是所谓的掌握，然而仅靠掌握是不够的，学生还须会运用所学的知识，不会运用就不是真正的掌握，因为真正的掌握在于操纵知识的力量去行动。

二、文化教学的方法

（一）直接导入法

所谓直接导入法是指教师在语言教学中直接向学生介绍语言的文化背景知识。它是一种最简单易行的文化教学法。在中国，课堂是学生学习英语的主要场所，离开课堂，学生就很少有机会接触到使用英语的环境，因而当遇到与课文相关的文化背景知识时，学生总会感到十分陌生，难以理解。所以，教师在教学中应尽可能发挥其主导作用，直接向学生介绍相关的文化背景知识。为此，教师在备课时可以精心选择一些与教学相关的、典型的文化信息材料，将它们恰到好处地运用到课堂上，这样不仅能增强教学的知识性、趣味性，而且还可以加深学习内容的广度和深度，同时可以激发学生的求知欲，活跃课堂氛围，使课堂氛围利于英语教学的展开。

（二）对比分析法

所谓对比分析法是指在教学中直接利用本国文化，通过对比两种文化的差异来进行文化教学。由于英、汉两种语言分属两种截然不同的语系，且中国文化与西方文化有着巨大的差异，因而通过比较两者的异同进行教学可以产生良好的效果。因此，对比分析法是跨文化研究的主要方法，也是第二语言教学的重要方法。在使用这种方法时，对比不能仅限于表层形式，应该有深层的内涵的对比；不仅要进行语言的对比，还要有非语言的对比；不仅要做语言、非语言形式与意义的对比，还要做语言交际行为的形式和意义的对比等。

（三）讨论法

在课堂教学中，教师还可以适当安排一些小组讨论、集体讨论等活动，调动学生的学习情绪，促使学生积极主动地学习。例如，在学习某一课时，教师可先为学生提供一篇介绍西方饮食文化的材料，学生阅读后，教师组织学生就材料的内容进行介绍和讨论，最后让学生就中西方饮食文化进行对比、分析、讨论。通过这些活动，可以有效培养学生对英美文化的敏感性，使他们在英语学习中善于发现英美文化的特点并乐于了解和学习英美文化。

总之，讨论法不仅可以调动学生的学习兴趣和积极性，而且可以使他们对所讨论的结果产生深刻的印象。

（四）文化旁白

文化旁白是一种简单、便捷的文化教学方法，也是传授社会文化知识的主要方法之一。所谓文化旁白是指在进行语言教学时，教师就所读的材料或所听的内容中有关的文化背景知识，见缝插针地进行一些简单的介绍和讨论。

一般来讲，教材中的课文都有特定的文化背景资料，有的是时代背景，有的是作者介绍，有的是内容背景。如果学生对某些背景知识不了解，或者缺乏相关的背景知识，就会影响他们对所学文章的正确理解，他们也就不能准确地推理和判断阅读理解中遇到的问题。

文化差异往往是学生学习英语过程中的最大障碍。使用文化旁白法，能够有效地清除部分语言认知的障碍，帮助学生正确理解英语。教师既可以充当讲解员，又可以运用图片、实物教具或多媒体课件等手段进行讲解，无论教师使用哪一种手段，其目的都是帮助学生更好地理解所读或所听的内容，同时丰富学生的感性认识，促进理解。文化旁白具有机动灵活、用途广泛的优点，因而使用时间最长，但同时具有任由教师掌握、随机性大的缺点，而且对教师的要求很高，需要教师具有较强的驾驭语言与文化的能力，并且有一定的教学技能与艺术。

三、英语的文化意识

（一）文化与语言

文化包括一切人类社会共享的产物，不仅包括城市、组织、学校等物质的东西，而且包括思想、习惯、家庭模式、语言等非物质的东西。简单地说，文化指的是一个社会的整体生活方式，一个民族的全部活动方式。语言是文化的一部分，并对文化起着重要作用。没有语言就没有文化。从另外一个方面看，语言又受文化的影响，反映文化。它不仅包含着该民族的历史和文化背景，而且蕴藏着该民族的生活方式、思维方式及对人生的看法。语言与文化相互影响，互相作用，理解语言必须了解文化，理解文化必须了解语言。

（二）文化意识与英语教学

1. 课程标准中文化意识的内容及其解读

课程标准中提出，英语教学中的文化主要是指英语国家的历史、地理、风土人情、传统习惯、生活方式、文学艺术、行为规范和价值观等。在学生学习英语的过程中，接触和了解外国文化有益于加强对英语的理解和使用，有益于加深对中华民族优秀传统文化的认识与热爱，有益于接受属于全人类先进文化的熏陶，有益于培养国际意识。英语学习的较高阶段要通过扩大接触外国文化的范围，帮助学生拓展视野，提高他们对中外文化异同的敏感和鉴别能力，进一步提高语言教学文化意识。

语言具有丰富的文化内涵，是一种交流工具，也是文化的传播工具，因此学习一国的语言就必然要接触该国文化，了解和理解该国语言所蕴含的文化现象和知识，才能真正理解所学语言。英语教学具有工具性和人文性双重性质。课程标准中规定，文化意识的培养是英语语言教学目标之一。要求教师在英语教学中渗透文化知识，培养学生的文化意识。英语教学中，无论是语法、词汇教学还是语篇教学都受到文化因素的影响，因此语言知识的教学和文化知识教学不可割裂开来。而文化知识的教学就是要通过对文化知识的学习来加深对语言知识的理解，培养学生的文化意识，让学生认识到母语文化和目标语文化的差异，理解所学语言中词汇和语篇的文化内涵，理解和尊重他国文化。

文化知识的渗透和文化意识的培养是语言教学的重要组成部分，是英语语言教学特有的形式与辅助手段，也是得体运用语言的保障。英语教学中强调语言教学必须与文化渗透同步并进，在传授词汇、语法等语言知识和训练语言技能时努力挖掘语言形式的文化含义。

2. 英语教学中文化意识培养的内容

虽然英语各版本教材编排体例不同，但每单元都有语言知识、语言技能和专项训练，文化知识的渗透和文化意识的培养融入语言教学中。大体而言，根据课程标准中的文化意识内容，教材中文化教学的内容可以归纳为著名人物、人物贡献、信仰、宗教以及社会生活、政治、经济以及大众媒体、文化现象、风俗、艺术、科学以及历史、国家、地理等方面。

以上内容对于文化意识的培养还远远不够。因此教师在教学中除了要对课文中出现的文化现象做出详细的讲解和说明以外，还应该根据学生的实际水平和需要融入更多的文化知识，在课堂中导入更多的文化背景知识，课后也要引导学生接触外来文化，提高正确对待外来文化的意识。

第二节　跨文化交际传统教学法

近年来，随着跨文化交际培训和英语教学的蓬勃发展，文化教学方法和语言与文化结合教学的方法层出不穷。

一、文化教学的常用方法

文化教学方法大都由跨文化交际培训专家通过实践，结合社会学、文化学、教育学和心理学的相关理论研究开发出来。目前，广泛使用的方法归纳起来有以下几种：

（一）文化讲座

讲座作为传授知识的一种有效手段，对于文化教学来说必不可少。跨文化交际能力的培养，需要学习者了解和掌握相关文化知识，如文化的本质特点和功能，文化包含的内容和范畴，不同文化的价值观念和风俗规范等，都可以通过讲座的形式传授给学习者，不同文化主题构成一系列的文化知识讲座，有利于学习者进行系统文化知识的学习。但是，文化讲座提供给学习者的大都是间接的经验，而且大量冗长的讲座往往会使学习者感到厌倦，所以在设计讲座时，应该力求简明扼要、生动有趣，而且还要辅之以其他方法来强化讲授内容。

（二）关键事件

通过分析跨文化交际中发生的，具有典型、代表意义的失败案例，来说明跨文化交际中误解产生的原因，帮助学习者了解两种不同文化在某个方面的不同期望和表现。具体做法是：首先对来自不同文化背景的交际双方之间所产生的误解及情景进行描述，然后给出四个解释误解产生原因的选择，让学习者根据自己的理解进行选择。如果一次选错，就请他们再选，直至选对为止。由于这些案例通常来自真实的交际，对学习者来说非常有趣，而且因为这些案例具有代表性和启发意义，能够刺激学习者在阅读案例和选择答案时进行思考，有利于跨文化敏感性的培养。

（三）文化包

教师向学习者讲述本族文化与目的语文化之间的某个本质差异，并借助多媒体手段向他们呈现这一差异的具体表现，然后教师给学生提出若干相关问题，由此展开讨论。主题选择非常灵活，教师根据需要，可以选择具体的文化主题，如风俗、日常语言交际或非语言交际行为，也可以选择抽象的思维模式或价值系统作为主题。与关键事件以阅读和思考为主要形式相比，文化包更多地要求学习者进行讨论，并通过视频和音频获得感官的刺激。然而，对于时间和精力极为有限的教师，设计合适的文化包是一件非常头痛的事情，这个问题的解决有待于英语教师和社会学、文化学的专家通力合作，共同完成一系列文化包的设计制作。

（四）文化群

文化群由讨论同一文化主题的若干个文化包组成。例如，可以将教育这一文化主题细分为家庭教育、幼儿园教育、小学教育、中学教育和大学教育等子题，每个子题可以设计成一个或多个文化包，供教师和学生课堂教学所用。显而易见，文化群方法的采用特别有利于学习者全面、系统地学习和了解目的语文化，但是文化群的设计同样存在着费时费力的问题，目前文化教学和跨文化培训在这方面还非常匮乏。

（五）模拟游戏

这是一种亲身体验式的活动，旨在挑战假想，扩大视野，促进能力的提高。学习者通过模拟游戏可以感受一些自己尚未经历过的情景，从中获取经验和认识，这对于文化学习者至关重要。以文化冲撞为例，正如前面所述，文化冲撞是跨文化交际中的一个普遍现象，它虽然给跨文化交际者带来痛苦和困难，但是它有利于文化调适的完成和跨文化交际能力的培养，经历过文化冲撞的人往往具有较强的文化敏感性，更愿意接受跨文化培训。所以，为文化学习者创造一种文化冲撞的氛围，让他们感受文化冲撞带来的困难和痛苦，是很多跨文化培训专家极力推广使用的一种方法。

以上各种方法虽然以跨文化能力培养为主要目的，但是经过变通和再设计也可以与英语教学有机结合，成为跨文化英语教学的方法。

二、文化教学与语言教学有机结合的方法

除了以上文化教学的各种方法之外，还可以在促进教师和学生改变教学观念的基础上，通过对传统英语教学方法和手段进行改革，创新地开发出一些将文化教学与英语语言教学有机结合的方法。

（一）通过文学作品分析来进行文化教学

文学作品分析是语言教学的一个常用手段，中国很多英语教学活动都通过分析和欣赏文学作品来进行。文学作品蕴含丰富的文化内容，语言形式和文化内容在此得到完美结合，因此在文学作品分析的过程中，同时进行语言教学和文化教学不仅可能，而且也是必要的。实际上，传统的语言教学在分析文学作品时，并没有避而不谈文化内容，只是教师没有将文化教学列入教学目标，文化内容的讲解服务于语言教学的需要，处于一个从属、次要的地位。要改变这一现状，必须在确定教学目的和目标时，考虑文化教学的需要，使文化教学内容和语言教学内容并列成为教学关注的对象，利用文学作品是语言和文化完美结合的优势，进行跨文化英语教学。

（二）阅读教学与文化教学的结合

阅读教学被认为是最容易与文化教学联系起来的教学活动之一，因为只要选择那些包含文化内容的阅读材料，即可实现语言教学与文化教学的有机结合。然而，事实并非如此，目前很多阅读教师并不能很好地利用阅读教学的这一优势进行有效的文化教学，或是因为受传统的以语言形式为中心的教学思想的影响，或是因为对目的语文化知之甚少，阅读教师致力于提高学生阅读速度和阅读理解能力的同时，关注的是语音（朗读时）、语法、词汇、句型和翻译等语言学习的内容，在很大程度上忽视了阅读篇章中蕴含的文化信息。即使谈到相关文化的某些内容，通常也不是以增强学生的文化能力为目的，而是帮助他们更好地理解篇章本身。总之，目前英语阅读教学并没有将文化教学列入自己的教学目标和内容，因此有关文化讨论也不是真正意义上的文化教学。

要真正实现阅读教学与文化教学的有机结合，必须在确定教学目标和教学内容时考虑文化教学的需要。在实际教学中，可以通过设计读前和读后任务，将学习者的注意力吸引

到篇章内容上，进行相关文化的讨论和学习。例如，在阅读一篇关于饮食文化的英语文章前，可以提出一系列有关学习者本族文化中饮食习惯的问题，让他们进行读前热身，然后建议他们在阅读文章时注意饮食文化与自己的饮食习惯的异同。读完文章后，学生在回答有关饮食文化的相关问题的同时，进行文化对比。教师对语言点的解释可以插入到讨论中，也可以在这些文化教学活动结束之后，但不能让语言形式的学习压倒篇章内容的理解和文化内容的讨论。

（三）听说教学与文化教学的结合

阅读有利于学习者学习和了解相关文化知识，听说活动使他们有机会切实感受跨文化交际过程，提高交际能力。无论听说，都必须以内容为基础，因此内容的选择和安排至关重要。

第一，要保证听说的材料和主题必须真实，具有代表性，能够真实反映目的语文化或本族文化的不同侧面。例如，在将周末生活情况制作成听力训练材料时，必须全面考虑主流文化和各种亚文化群体的不同表现，力求让学习者全面客观地认识目的语文化的一个侧面即使由于篇幅和时间的限制，很难将某个文化侧面全面地展现给学习者，教材编写者也应该提醒教师和学生注意文化变体和个体差异的存在，避免因过度概括而导致成见的形成。

第二，在跨文化英语教学中，由于英语教学和文化教学同等重要，所以在编写听说教材时不仅要考虑学习者的语言水平和语言学习的需要，还应注意文化内容的系统性，即将语言教学的需要与文化教学的需要结合起来，作为选择和安排教学材料和内容的依据，使学习者系统地学习文化知识，增强文化能力。当前的英语听说教学虽然比较重视材料的真实性，所选材料基本上都具备文化教学的价值，但是在文化内容的选择和组织上比较随意，缺乏系统性，这实际上也是整个英语教学不能最大限度发挥其文化教学功能的主要原因。

第三，跨文化英语听说教学应该充分利用多媒体教学手段，这不仅有利于提高学习者进行语言交际的积极性，更是跨文化交际能力培养的需要。日益发展的多媒体技术为在英语教学中进行文化教学开辟了新的道路，它可以将各种跨文化交际情景真实地呈现给学习者，让他们有一种身临其境的感受。图文并茂、音像俱全的听说材料使学习者的各种感官受到刺激，特别有利于从情感和行为层面上培养他们的跨文化交际能力。

（四）写作教学与文化教学的结合

写作教学与听说和阅读教学一样，通常贯穿于英语学习的各个阶段，不同阶段写作的体裁、内容和要求都各不相同，但是将文化教学与写作教学有机结合在各个阶段都是可行的。初学者通常写的是与自己日常生活联系紧密的记叙文，主要目的是通过使用所学的词汇和语法知识来讲述自己的经历，表达自己的思想，同时巩固所学语言知识。在此阶段，写作要求虽然不高，体裁也比较单一，但是教师同样可以将写作活动与文化学习结合起来。

对于语言水平较高的学习者来说，利用写作进行文化学习的广度和深度更大。写作基本上可分为个人写作、公务写作和学术写作三大类。个人写作基本上与个人的经历、生活和思想有关，而这些内容通常反映作者所处的文化环境，因此是很好的关于日常生活、风俗习惯和价值观念等文化内容学习和讨论的基础。

公务写作的内容包括涉及政治、商务等工作所需的信件、文件、报告等，这些也同样蕴含着丰富的文化信息，无论是格式、措辞和结构，还是内容本身，都可以成为文化学习和文化对比的基础。如果在写作教学中注意进行跨文化篇章分析和文化差异的讨论，就一定能提高学习者语言实际应用进行公务写作的能力。

语言与文化在教学中有机结合的方法不仅限于以上几种，随着跨文化英语教学思想的不断深入人心，相信更多更好的方法将会被开发和应用。然而，在此必须强调教师和学生转变教学观念的重要性，要真正做到语言教学和文化教学的有机结合，教师和学生必须认识到英语教学应该承担双重任务：既要促进学习者英语交际能力的提高，又要帮助他们培养人文素质，形成立体、多维的思维方式，成为跨文化的人。只有在这一前提下，才能确保跨文化英语教学思想得到有效贯彻和实施。

第三节 跨文化交际教学法的创新

一、慕课解读

（一）慕课的概念

慕课即大规模开放在线课程。这其中，大规模指的是课程注册人数多，每门课程容量可达数万人，曾经一门课程的规模达到了十六万名学生；开放指的是学习气氛浓厚，以兴趣为导向，凡是想学习的，都可以进来学；在线指的是时间和空间灵活，使用客观、自动化的线上学习评价系统，如随堂测验、考试等，而且还能运用大型开放式网络课程来处理大众的互动和回应，学生自我管理学习进度，自动批改、相互批改、小组合作等形式保证教学互动，全天开放，提出问题五分钟后即能得到反馈。

慕课，不同于传统的采用电视广播、互联网、辅导专线、函授等形式的远程教育，也不完全等同于近期兴起的网络教学视频公开课，更不同于基于网络的学习软件或在线应用。就目前看到的大规模、开放式在线课程而言，在慕课模式下，大学的课程和课堂教学、学生的学习进程和学习体验、师生的互动过程等几乎被完整地、系统地在线实现。

慕课作为新近涌现出来的一种在线课程开发模式，它发端于过去那种发布资源、学习管理系统以及将学习管理系统与更多的开放网络资源综合起来的课程开发模式。通俗地说，慕课是大规模的网络开放课程，它是为了增强知识传播而由具有分享和协作精神的个人组织发布的、散布于互联网上的开放课程。

（二）慕课的特征

1. 开放性和大规模性

传统课堂具有地点和时间的局限性，受众群体为本专业或本班学生。而慕课打破了传统课堂中的这个局限性，学习者可以根据自己的兴趣爱好选择相应的课程进行注册和学习，在任何场所均可进行学习。并且，传统课堂时间固定，课堂不可重复，而慕课则可以在任何时间进行观看和学习，对重点部分可以反复学习。

2. 慕课具有精品化内容

慕课一般选取的是较为典型的课程和教学内容，将学科中难度大、不易理解和具有特色的内容进行精心制作和反复设计完善，使课程内容精品化。并且，慕课集结了国内知名学校的精品课教学内容。

3. 慕课具有碎片化特征

这一点类似于微课，课程内容"微"而内容"精"，着重展示突破教学重难点的方法和手段。课程时间一般不超过十五分钟，有利于学习者提高学习效率。

二、慕课融入英语教学的策略

（一）导学策略

1. 平台导学策略

平台导学的目的是为了增强学生的网络学习适应性，提高学习效果。在目前很多慕课平台的课程中引导学生有效地获取和利用课程开始之前对课程性质、单元内容、学习目标、考核标准等仅做了简单枯燥的文字说明，而学生的记忆力是有限的，且学生对枯燥的文字往往不感兴趣，所以应当将学习指南设置得浅显易懂，图文并茂，以引起学生的注意力，可以借助思维导图或者微视频的形式，激发学生的学习兴趣。

慕课平台也应当设置一些有关学习指引的模块，以帮助学习者尽快掌握有效的学习方法，制订学习计划，合理安排自己的学习时间。目前很多慕课平台的学习指引仅仅包括一些简单的参考资料，有的甚至没有学习指引这一模块。在慕课课程中，信息量大，且课程学习者的基础水平不一，往往需要不同的学习资料来补充知识，故学习指引应该包括学习方法、指定参考书、读本、补充教材、问题中心等模块，方便学习者快速定位。

慕课课程学习应当是一个使学习者有完整学习体验的过程，而不仅仅是慕课课程视频的堆砌。针对地方院校，应当充分考虑到自身的特殊性，对于从平台引进的课程来说，教师应当充分利用慕课平台，设置明确清晰的课程指南，同时对学习者的学习行为进行收集分析，实现个性化导学。而对于没有购买引进慕课平台的课程来说，教师应当在线上积极搭建其他有效的讨论交流区，引导交互、解惑答疑，借助其对学习者进行个性化导学。

2. 教师导学策略

（1）引导学生制订混合学习计划

学习计划可以帮助学习者掌握自己的学习进度，合理安排学习时间，有助于学习的有序进行。在课程开始之前教师须识别学习者的基本特征，包括现有知识水平、年龄层次、对学习的态度以及以前学习中的表现等，以确定其学习需求，并根据学习者的特点选择合适的学习内容，明确阐述学习目标及评价方式，告诉学习者他们在完成该课程后需要达到怎样的效果，以便让学习者对课程有一个大致的了解，明确自己的方向。通过引导学生制订个性化的学习计划，来激发学生慕课学习的信心和热情，使其尽快适应慕课学习。

（2）引导学生融入慕课学习

由于很大一部分学生没有慕课混合学习的经验，教师需要介绍这种教学方式的特点和优势，帮助学生从整体上了解课程学习的内容和安排，熟悉慕课的学习方法和形式，以提高学习者的学习兴趣，激发混合学习的动机，可以通过介绍成功的教学案例，以鼓励他们形成积极的学习态度，消除距离感，迅速融入慕课学习共同体中，为后续的学习打下基础。

（3）引导学生知识建构

慕课学习是一种高度自主化的学习，但自主学习并不是否定教师的主导作用，教师适时的引导会对学生学习质量产生积极的作用。在学习过程中，教师需要引导学生积极展开讨论互动，在讨论中教师要多发表具有启发性的话题，引导学生的讨论交流不偏离学习方向，将学生的思考不断导向深入。同时还要设计有意义的学习任务，比如：在线上分享学习案例并做出提问，课堂中设计与课程相关的任务让学生完成，真正将导学融入学生的活动中，让学生在"做"中"学"，帮助他们深化对知识意义的理解。

（二）慕课混合式学习动机提升策略

1. 提供多种混合式学习资源，促进个性化学习

网络可以为学习者提丰富的学习资源，而教师则需要帮助不同学习者进行有针对性的筛选，使其与本地课程教学内容相符，在慕课课程中选取与本地课程相适应的章节内容，还比如为学习者推荐在线数据库、电子刊物、网络微视频、其他学习网站等，满足不同学习者的需求，这类"先行组织者"有利于促进学生新知识的学习，有效促进知识的内化。在课堂面对面的教学中教师不仅要对基础知识进行补充讲解，更要对网络学习内容进行延伸，比如印发一些和课程有关的论文等，在课堂中尽力创设丰富的情景，设计多样的活动帮助学生进行知识内化。将线上和线下学习资源进行有效整合，使各类资源优势互补，满足学习者的不同需求，提高学习的针对性。

2. 设计多种学习活动，加强过程性交流合作

在学习过程中，教师要针对不同类型的课程设计多种学习活动，保证教学任务的多样性，以防学生产生学习疲倦而失去学习兴趣，维持学习者的学习动机，进而提升学习效率。如对实践性较强的课程，教师可以在课堂中设计多种实操练习，让学生在做中学，在实践

中掌握知识，获取技能。在线上课堂，教师可以通过在线讨论或论坛提问的形式来提高学生参与度，激发学生的学习动机与兴趣。线下面对面课堂学习中，教师不仅要对基础知识进行补充讲解，进行答疑解惑和操作技能的指导，更重要的是组织多种学习活动，如制作微课、利用思维导图、小组成果汇报、角色扮演、头脑风暴等进行研究性学习，加强师生、学生之间的交流，以唤起学生的探究精神，提高学习注意力，同时给每个学生独立学习和解决问题的机会，对其进行个别化的指导。同时对基础较好的学习者提供额外的学习任务，以维持其学习动机。

3. 注重多元化反馈

反馈是对学习效果的评估，也是一种形成性的评价方式。慕课学习平台设有专家提问、阶段小测验等，在线下面对面课堂中，教师可以进行随堂小测验来查漏补缺；设计评量表来记录整个学习过程中不同小组的表现情况；还可以进行成果展示报告，有意识地让学习者做阶段学习小结，找到学习不足，同时给予表扬和鼓励，让学生不断体会成功，提高学习自信心。学习者可以根据反馈结果来了解自己的学习情况，激发进一步的学习愿望。教师可以通过反馈不断改进教学，促进教学最优化。

第八章 英语文化教学评估创新

第一节 英语教学评估的概述

英语教学评估是指英语教学中所有相关的用来测量与评估的方法,主要是为了诊断教师和学生教与学过程中的障碍,从而保证学习目标的顺利实现。探讨英语教学评估的相关内容,主要包括英语教学评估的概述、英语教学评估的原则以及英语教学评估的策略。

一、教学评估的定义

评估的定义为:为促进语言教学课程的改革并在其相关机构的范围内评估它的有效性而对一切有意义的信息进行系统的收集和分析。关于教育评估的定义,大体上有以下五种:

第一,着眼于信息,强调通过评估收集信息,为教育决策服务。

第二,着眼于方法,强调评估是成绩考查或调查的方法。

第三,着眼于效果,强调通过评估判断教育目标或教育计划的实现程度。

第四,着眼于过程,强调评估是信息收集的过程、提供决策依据的过程、判断效果的过程、教育优化的过程以及价值判断的过程等。

第五,强调价值,强调教育评估的关键在于价值判断。

外语课程教学要求第五项这样论述教学评估:教学评估是英语课程教学的一个重要环节。全面、客观、科学、准确的评估体系对于实现课程目标至关重要。它既是教师获取教学反馈信息、改进教学管理、保证教学质量的重要依据,又是学生调整学习策略、改进学习方法、提高学习效率的有效手段。总的来说,教学评估是根据教学目的和教学原则,利用所有可行的评估方法及技术,对教学过程和预期的一切效果给予价值上的判断,目的是提供信息、改进教学和对被评估对象做出某种资格证明。

二、教学评估的内容

教学评估包括评估者、评估对象和评估过程三个要素。这些要素不仅决定了评估的结果，还决定了评估的内容，即学生评估、教师评估、过程评估、管理评估和课程评估。下面就来具体分析英语教学评估的内容。

（一）学生评估

一般来说，对学生的评估具体包括学力评估、学业评估和品德与人格评估三个方面的内容。

1. 学力评估

对学生的学力评估是教学评估的重点之一。要做好学力评估，首先要了解学力的概念。所谓学力是指学生在学业上达到的程度，包括两层意思，学习者通过学习所达到的在知识、能力、技能技巧等方面的水平和指在现实水平上所具备的今后学习的潜力，即学习的实际可能性。

由此可见，学力是一种综合的素质和能力，同人类观、发展观、教育观、学校观密不可分，受到时代与社会对教育与学校的要求的制约。因此，学力的内涵以及学力观不是一成不变的，而是会随着时代的发展、社会的变化而不断地发生变化。

但不管怎样变化，有两点是不会变的：

第一，强调学力是对知识、技能的掌握，以此形成某种能力

第二，强调学力是教育、教学的结果，注重学校、教育的作用，即学力的形成更多地依赖后天的学习和培养。

学力评估的目的是了解学生学习的状况及个体差异，为教学提供反馈信息，有助于教师对自己的教学进行适当的调整和改进，从而培养学生的综合能力。学力评估可通过采取多种方法进行，如标准学力测验、智力测验、实验法、观察法、评定法等。

学力评估不仅有助于改善促进教与学的成果，对培养学生的元认知监控也有积极的影响作用。

2. 学业评估

学业评估是根据学科课程标准中规定的学习目标和学习内容而对学生的学习过程和成果进行的评估。它通常以测量为基础来展现学生的学习进展和学习成果，并据此做出价值判断，具有一定的补救、促进和协调功能。

学业评估可采取多种多样的评估方法，比如诊断性评估、形成性评估、总结性评估、安置性评估等；可使用的测量工具也有很多，例如诊断性测验、自我报告清单、预备性测验、成就性测验、教师自编的掌握性的测验或标准参照性测验等。在对学生的学业进行评估时，灵活使用这些评估方法和测量工具有助于全面评估学生的学习状况与结果。

学业评估实践的开展比较复杂，其中存在诸多矛盾和问题，尤其是对评估理念的把握和评估方法的运用，给教学评估造成了不小的障碍。为了使学业评估更加清晰明了，必须清楚了解学业评估的四种模式，分别是目标模式、主体模式、诊断模式、过程模式。

第一，目标模式。目标模式认为学业评估就是要将学生的学习成果和教学预期目标进行对比。它将学校视为工厂，注重课程目标价值，通过终极性评估来为课程决策服务。

第二，主体模式。主体模式认为学业评估是评估者与被评估者共同建构意义的过程。它将学校视为花园，强调学生的主体价值，通过自参照评估来为学生的自主发展服务。

第三，诊断模式。诊断模式将学业评估视为诊断教学成果并予以改进的过程。它将教室视为诊所，强调教学诊断的价值，通过形成性评估来改进教学服务的质量，提高教学成果。

第四，过程模式。过程模式的范围包括学生学习的整个过程。它将教学视为旅行，强调教学过程的意义和价值，通过过程性评估服务于学生的社会化发展。

3. 品德与人格评估

对学生的品德和人格评估同样是教学评估中的一个重要部分。学生学习英语的一个重要目的就是为自身的发展和社会发展做贡献。一旦学生的品德与人格不端正，就有可能对他人或社会造成危害。因此，英语教学评估也不能忽视对学生品德和人格的评估。

评估时，教师应注意从多个侧面采用不同方法对学生的品德和人格进行全面的、客观的评估，同时还要注意教学内容的科学性、思想性等对学生思想品德和人格的形成与发展所产生的影响的测定与评估。

（二）教师评估

教师作为整个教学过程的引导者，其素质的高低对教与学的成果以及学生的成长都起着重要的作用。因此，对教师素质的评估也是教学评估的一项重要内容。对教师素质的评估一般包括教学工作素质、教学能力素质、政治素质以及可持续发展素质四个方面。

第一，教学工作素质评估。对教学工作素质进行评估，其主要内容包括课堂教学质量、教学改革成果、教学研究论文、教学经验总结、学生学习质量等方面。

第二，教学能力素质评估。对教师的教学能力素质进行评估，其主要内容包括独立进行教学活动的能力、完成教学工作量的能力等方面。

第三，政治素质评估。对教师的政治素质进行评估，其主要内容包括遵纪守法、工作态度、教书育人、为人师表、参与民主管理、政治理论水平、坚持四项基本原则、良好的文明行为等方面。

第四，可持续发展素质评估。对教师的可持续发展素质进行评估，其主要内容包括教学发展的潜能，自觉寻求发展的能力，自学能力，接受新理论、新方法、新技术的能力等方面。

（三）过程评估

当前大多数教学评估只关注对教学结果、学生学习成绩的评估，而忽视学生在整个学习过程中整体素质的提高。针对这一现状，从形成性评估中延伸出了对教学过程的评估。教学过程的评估指的是对师生双方通过教学达到目标的情况进行评估。

由于过程评估发源于形成性评估，因此二者之间有许多共通之处，如都要求关注学生的发展和教学的整个过程。而在具体的教育环境、教育问题下，过程评估具有浓厚的中国特色，其对教学过程的评估也是对以目标为导向的形成性测量评估的一个突破。

（四）管理评估

管理评估有助于为英语教学管理工作指明方向。想要准确、恰当地对教学管理的质量进行评估，必须了解英语教学管理的概念。英语教学管理是指根据英语教学的规律和特点，计划、组织、控制和监督英语教学工作。英语教学管理评估就是对这一过程及结果的评估。

通过评估教学管理，教师能够发现管理中的问题，并及时加强和改进管理工作。

英语评估教学管理的实施必须明确以下两项内容：

第一，教学管理评估包括的内容。如对学校及其下属单位教务管理方面的评估等。

第二，科学、合理的评估指标。一般而言，评估指标包括教学规章制度、教学计划、教学工作的具体实施、教学检查、教务工作等。

（五）课程评估

科学、合理的课程设置有助于提高教与学的质量。因此，英语教学评估必然涉及对课程的评估。课程评估是对英语课程价值及功能的评估，主要有三个模式：行为目标模式、CIPP 模式以及目标游离模式。

第一，行为目标模式。行为目标模式以确定目标为中心来组织教学活动和教学评估。行为目标模式下，预定目标决定了教学活动，教学评估的任务就是判断实际教学活动是否实现了这一目标、实现了多少，并通过教学反馈调整教学活动，以便以后能顺利地实现这一目标。

第二，CIPP 模式。CIPP 模式以决策为中心，是一种将背景评估、输入评估、过程评估和结果评估结合起来的评估模式。CIPP 模式还认为，目标作为行为目标模式的中心和依据，其本身也应该受到评估。

第三，目标游离模式。与行为目标模式不同，目标游离模式并不考虑目标，而主要通过检验方案的结果来判定价值。

三、教学评价的功能

教学评价在学校教育中的作用日益明显，成为学校工作中必不可少的环节。明确教学评价的基本功能，有利于充分发挥教学评价的作用。

（一）诊断功能

教学评价是对教学结果及其成因的分析过程，借此可以了解教学各方面的情况，从而判断它的成效和缺陷、矛盾和问题。教学包括教师的教与学生的学，因而教学评价的诊断功能不仅针对学生的学习结果，还包括对教师的教学效果的诊断。

全面的教学评价工作，不仅能估计学生的成绩在多大程度上实现了教学目标，而且可以通过评价了解学生学习效果不佳的原因，如学校、教师、家庭、社会和个人中哪方面的因素是主要的。就学生个人来说，主要是由于智力因素，还是学习动机等其他非智力因素的影响，抑或是两者兼而有之。

教师是教学活动的主要参与者，没有对教师的教学进行评价，会导致教学评价结果的偏差，从而不利于教学质量的提高。全面的教学评价工作，可以诊断教师的教学效果、质量，而且可以了解教师在教学过程中教学策略、教学方法、教学内容是否安排得科学合理，还可以体现出教师与学生的关系是否融洽和谐。

总之，全面的教学评价就如一次全身体检，是对教学现状进行一次严谨的科学诊断，发现其中存在的问题，从而为教学的决策或改进指明方向。

（二）调控功能

教学评价的结果是一种反馈信息，这种信息既可以使教师更加了解自己的教学情况，也可以使学生明确了解到自己学习的成功和失败，从而为教师调整教的行为、学生调整学的行为提供客观根据。英语教学评价的调控功能包括预测与导向功能。

1. 预测功能

教学评价以评价对象的现状为依据，可以预见性地推测评价对象的发展趋势及其可能性发展方向。这种预测功能可以最大优化评价效果，使评价价值达到最理想化。教学评价通过对评价对象可能发展的方向进行一系列的预测、调查、观察，获得尽可能多的真实数据和事实，然后从中筛选出可供评价的因素进行科学分析，做出逻辑推导。为了对学生的发展提供有价值的建议和指导，评价前的预测必须针对学生的未来发展方向。但是，现阶段的教学评价缺乏对评价对象未来发展趋势的预测，即使是在对现状的描述中，也多是仅仅描述评价对象的现状或者表面现象。总而言之，必须充分掌握评价对象的各方面信息，并对这些信息进行认真的整合和加工，进行深入分析，从而对未来评价对象的发展趋势做出科学指导，使评价预测达到最大效应。

2. 导向功能

教学评价可以通过确定教学目标、设置指标等来指明方向，可以引导评价对象（教师或学生）朝着预设目标前进。教学评价产生于教学实践，也落实在教学实践，教学评价既要有预测教学实践的作用，也要有引导教学实践的作用。教学评价的导向功能体现在以下三个方面：

第一，教学评价应该引导学生和教师适应教育发展的方向。教学评价应具体地为教师和学生指明教与学的努力方向。学校是实施国家教育方针的基本单位，学校教育应该符合教育发展的趋势，符合国家教育发展的方向。教学评价的建立正是为了引导教师适应教育发展的趋势。

第二，教学评价应为教师和学生指明教与学的具体的努力方向。评价直接关系着教师教什么、如何教和学生学什么、如何学。教学评价为教师和学生确定全面发展的达成性目标，从而引导教师与学生努力去实现各种具体目标，最终实现整体目标。

第三，教学评价为教师的教与学生的学确定发展的方向。教学评价虽然已经有一个基本框架可发挥一般意义上的导向作用，但是教学评价还应具有超前评价的导向构想，为学生确定一个发展的方向。应该加强对教学评价的超前导向的关注，也就是要做到对教学评价的实践研究不应满足于现实，而应以超前的观念去进行认真探讨，让教学评价走在教学实践的前面。

（三）激励功能

教学评价的最重要目的不是证明教学效果，而是改进教学效果。教学评价能够帮助教师发现教学中的各种问题，能够促进学生主动学习，促进学校教学质量的管理水平。

教学评价的激励功能可从教师、学生两个角度具体说明。

从教师教的角度看，教学评价可以反映出教师的教学效果，教师可以了解到自己在课堂教学实践中的优点、特点，存在的问题以及产生这些问题的原因，从而保留优点，并有针对性地改正不足，提高教育教学水平。教师还可以从评价反馈的信息中找出学生存在的学习问题，了解和掌握到学生学习中存在的普遍性问题以及问题的性质、程度及其原因，从而有目的地调整教学内容和教学进度。

从学生学的角度看，可以从评价中反馈的各种信息发现自己学习中存在的问题，从而为提高学习能力打下良好的基础。教学评价中反馈的学生学习信息，不但能为教师提供教与学的详细信息,还可以促使学生回顾自己在学习中的表现,分析与教学目标的距离及存在距离的原因,从而可以针对问题采取相应的措施,改进学习方法,提高学习效率。经验和研究表明,在一定限度内,经常进行记录成绩的测验对学生的成绩有很大的激发作用。这是因为,较高的评价能够给教师和学生以心理上的满足和精神上的鼓励,可以激发他们向更高的目标努力。

(四)管理功能

从学校教学管理的角度看,教学评价可以促进有效管理教学质量,更有针对性地提高教学管理人员管理。学校教学要强调质量管理,增强工作的效率,就应该借助教学评价。教学评价有助于学校找出教学管理中的薄弱环节,检查教师把握和执行教学大纲的情况,掌握教师的教学态度、教学能力、教学改革与创新的情况等,从而为提高教学管理水平、改进教学管理工作提供指导,为他们有效控制教学质量、做出改革决策和采取具体措施提供依据。

四、教学评估的分类

根据不同的分类标准,教学评估可以分为不同的类型。

第一,根据评估基准划分,教学评估分为相对评估、绝对评估及自身评估。

第二,根据评估内容划分,教学评估可以分为过程评估与成果评估。

第三,根据评估方法划分,教学评估可以分为定性评估与定量评估。

第四,根据评估功能划分,教学评估可以分为诊断性评估、形成性评估及终结性评估。

以下主要论述根据评估功能区分的三种评估类型:

(一)诊断性评估

诊断性评估是指在活动之前为使其计划更加有效地实施而进行的评价,因此也称为事前评价。诊断性评估的目的是通过收集有关信息来确定特殊教育的对象、培养目标和方案。学生在学习过程中经常会遇到各种困难,如听不懂、注意力不集中等,偶尔也会受情感、家庭或社交方面的影响,如当天的心情、对教师的喜爱程度、与同学是否发生了冲突等。因此,教师应该先找到问题所在,然后记录其发生的频率,最后找出解决问题的方法。一般来说，学生的学习情况不仅体现在测试的分数上，还体现在学生对某一主题的项目完成记载以及教师与学生家长的交谈结果。采用诊断性评估的方法，教师就可以对学生的知识掌握情况和能力有一个深入的了解，也能发现学生存在的问题及其性质、范围，进而能设计出满足学生需要的教学活动。课堂上要进行这种评估，可以采用多种方式进行，如课堂上对学生的简单提问与回答、精心设计的测验。

（二）形成性评估

把形成性评估的应用范围加以扩展就可以成为一种教学评估的类型。形成性评估就是在课程编制、教学和学习的过程中使用的系统性评估，以便对三个过程中的任务一个个加以改进。既然形成性评估是在形成阶段中进行的，那就要尽一切努力用它来改进这一过程。形成性评估的目的是为了明确活动运行中存在的问题和改进的方向，以便及时修改或调整活动计划，最终获得更加理想的效果。

形成性评估的着眼点在于过程评价，它是对学生学习过程的全面测评，是对学生课程学习成果的阶段性评估，是对学生学习目标的阶段性测试，也是课程考核中的重要组成部分。课堂上采用形成性评估方式的手段有很多，如访谈、座谈、测验结果的分析、对学生学习研究报告的评论等。形成性评估的工具有评估量表、课堂观察、成长记录袋等。

（三）总结性评估

总结性评估是一种"回顾性"评估，也称为"终结性评估"，是在一段学习后，为了解学生的成绩而展开的评估。它能够考查学生个体或整体的发展水平，为评优、选拔提供参考依据，还可以把握学生掌握知识、技能的程度和能力发展水平，为以后的学习和教学提供依据。总结性评估采用的形式往往比较固定，如一个学期的中间或期末，学生经过集中复习，在固定的时间完成一套试题等。

五、教学评估的标准

在进行英语教学评估时，必须要有相应的评估标准，否则就无法保证评估的公正性和公平性。在语言学中，关于测试体系的标准和原则的探讨很多，但是有关整个评估体系标准的研究却很少。因此，对包括诊断性评估、形成性评估和总结性评估等在内的评估体系建立严格的评估标准是很有必要的。教学评估主要应包括以下四个标准：

（一）效度

评估的效度是指在多大程度上评价了要评价的内容。效度标准主要涉及以下一些概念：

第一，内容效度，指评估抽样是否足够，是否具有代表性。

第二，结构效度，这是语言评估的理论基础。

第三，表面效度，指外行对评估形式的印象。

第四，标准关联效度，指与其他评估形式相比较，评估结果是否一致。

（二）信度

评估的信度是指评估结果一致性的程度，主要包括三个方面：评估本身的信度、学生在不同情况下的表现及评分信度。评估信度的影响因素主要有以下三个：

第一，评估形式的特点。例如评估时间、题目的难易度、区分度、猜测因素等。

第二，学生临时的心理和生理变化。

第三，评分的波动。例如评分员之间、每个评分员自身前后之间的差异等。为了减少或排除上述因素的影响，可以在以下三个方面做出努力。

（1）使用多种评估方法，评估条件一致，减少非评估因素的干扰。

（2）在多个场合下评价，提供清楚明了的评价说明。

（3）由有经验的、受过培训的评分员评分，采用多人独立评分。

（三）可行性

一项评估形式只有在人力、物力、时间许可的范围内才具有可行性，例如是否有足够的时间和钱物收集评价所需信息材料、分析评价材料；评价方式是否为学生、家长和社会所接受等。

（四）积极的教学反馈作用

反拨作用是指评估对语言教学的影响与反馈作用。反拨作用也是评估的一个重要因素，科学合理的评估对语言教学有促进作用，而不合理的评估对语言教学具有阻碍作用。

因此，要格外注意评估方式对教学的反拨作用尤其是积极的反拨作用，特别是受试范围很广的大规模、标准化考试更要考虑评价对教学的反拨作用。

六、教学评估的过程

英语教学评估的过程一般包括评估的准备、评估的实施以及评估结果的反馈三个阶段。

（一）评估的准备

教学评估的准备阶段主要工作包括以下几方面：方案准备、组织与人员准备以及评估者和被评估者的心理准备。

1. 方案准备

方案准备主要是指评估的组织者根据课堂教学评估的目的，在教学评估实施前拟定有关教学评估的目的、内容、范围、方法、手段、程序和预期结果的纲领性文件。

通常，方案主要包括以下内容：评估对象，评估目的，评估标准，评估方法，实施期限，评估报告完成的时间，评估报告接受的单位、部门或个人，预算，等等。

方案一般具有以下两个方面的特性：

（1）评估标准是方案的核心。这里的评估标准一般包含评估的指标体系及其评定标准。评估标准编制的科学性和有效性对评估结果的信度和效度有决定性的作用。一般来说，在编制评估标准时，要依据相应的调查，通过严格论证、专家评判、实验修正，以提高评估标准的质量。

（2）评估程序的科学性、规范性和可操作性是方案的根本。评估工作的科学性是指评估活动的指导理论以及评估过程中所采用的方法一定要科学；规范性是指评估运行程序要规范和按照预先设计好的程序进行，不能随意改变；可操作性是整个评估程序具有可操作性，要能得出明确的结论。

2. 组织与人员准备

组织准备通常包括成立专门的评估领导小组或组建评估工作小组；人员准备主要是指组织与评估有关的人员对评估理论和有关文件进行系统学习，为评估工作做好知识与技能方面的准备。

3. 评估者和被评估者的心理准备

在评估的准备阶段，评估者和被评估者会出现一系列心理现象，如成见效应、焦虑心理、应付心理等。这些心理现象会在一定程度上对评估者与被评估者的关系造成影响，同时还会影响评估的信度和效度。因此，在评估的准备阶段，还需要对评估者和被评估者的心理现象进行有效的调节与控制。

（二）评估的实施

教学评估活动的关键就是评估的实施。实施评估的主要任务在于采取不同的评估方法和技术收集多种评估信息，并对这些信息进行整理，然后对价值进行判断。

1. 评估信息的收集

收集评估信息时，要以先前制订的评估方案为依据，并采取恰当的评估方法、手段、工具、仪器。需要指出的是，评估工具（如评估表、量表、问卷等）起着十分重要的作用，其科学性决定着信息收集的有效性。因此，选择评估工具要确保其有效性。

2. 评估信息的整理

评估信息的收集工作完成后，通常需要对这些信息进行审核和归类。审核评估信息主要是指判断评估信息的有效性，如回答问题是不是敷衍了事，判断评估信息是不是被评估对象的真实反映。而对评估信息进行归类则主要是指根据评估信息的共同点进行归纳，确保信息的有序性。

3. 评估信息的分析

对评估信息进行分析处理时，一方面，要注意掌握评估标准及其具体要求；另一方面，评估者应该使用事先规定的计量方法来处理评估信息，也可以采用其他方法。在评估结果中要提供评估意见，如相应分数、等级或定性描述等。此外，如果条件允许，对评估者的观察结果进行认定与复核也是十分有必要的。

4. 综合评估

综合评估是将分项评定的结果进行汇总，并最终形成综合评估的结果。评估者需要根据汇总的评估结果，对评估对象做出准确、客观的定量或定性的评估结论，形成评估意见。

（三）评估结果的反馈

评估结果的反馈主要包括以下四方面的内容：

1. 检验评估结果

评估结果的检验要注意以下两点：

（1）对评估程序的每个步骤进行检查，看其是否全面、准确地实施了评估方案。

（2）采取统计检验方法，对评估结果进行统计检验。

2. 分析诊断问题

对被评估者进行等级分类并不是评估的最终目标，评估主要是为了有效地促进课堂中的教与学，因此需要详细地分析所收集的资料，并对被评估者的优劣状况进行系统评论，以帮助被评估对象找出存在的问题。

3. 写评估报告

评估报告一般由封面、正文和附件三部分组成。这里主要对封面与正文进行简要介绍。

封面应包括以下信息：评估方案的题目、评估者的姓名、评估报告接收者的姓名、评估方案实施和完成的时间、完成报告的日期。一般而言，正文主要包括五部分：

（1）概要

要求对评估报告进行简要综述，解释评估的原因，并提供主要结论和建议。

（2）背景信息

它主要介绍评估方案是如何产生的，尤其注重对评估标准的编制过程及其理论依据的描述。

（3）叙述评估实施的过程

它主要是对收集信息和处理信息的过程进行的描述。

（4）描述结果并分析结果

它主要介绍各种收集到的与评估有关的信息，包括数据和记录的事件、证据等，以及处理这些信息所得到的结果。

（5）归纳与建议

它主要包括推断评估结果，并进行归纳，给出结论，同时提出意见、建议。

4.反馈评估结果

反馈评估结果主要是把评估结果反馈给被评估对象或上级主管部门，这不仅有助于引导评估对象了解自己的优点，发现自己的问题，进而不断改进、完善自己，还可以作为教师或教育管理机构进行决策的依据。反馈评估结果可以采取诸如座谈会、汇报会、书面报告等多种方式进行。

第二节　英语教学评估的原则

教学评估原则是指评估过程应遵循的基本准则。英语教学评估有以下十二个原则：

一、发展性原则

评估以促进发展为目标，因此教学评估也应该遵循发展性原则，利用评估促进学生的发展和教师的专业发展。

发展性原则一方面是指有利于学生的发展。学生是教学的主体，教学评估的基本目标之一就是通过切实的评估与诊断，让教师发现教学中的优缺点，帮助教师积极自主地学习、研究和应用新的教学策略，不断调整教学的组织方法与过程，从而促进学生在认知、情感等方面的全面发展。同时，通过评估诊断学生的学习效果、学习中存在的问题和缺陷，可以帮助教师有针对性地指导学生，也有利于学生根据自己的学校成果，采取相对应的措施改进学习，提高学习效果。

发展性原则另一方面是指有利于教师的专业发展。教学评估的重点是关注教师的教学过程，而这个过程的效率和师生间的互动交流直接关系着教学目标的完成。因此，评估时需要考虑的是如何通过评估来进一步提高教学效率，帮助教师找到教学中还应该改进的地方，而不仅仅是估计、评判教师的教学效果。教师自己也是教学评估主体之一，教学评估本身也应该是教师对课堂教学过程与行为的批判性的反思，是教师与同行、专家交流与分享的过程，因此通过教学评估能有效促进教师的专业发展。

二、主体性原则

英语教学评估的主体性原则，既指学生在学习中的主体性，又指教师在教学评估中的主体性。

（一）学生在学习中的主体性

学生是学习的主体，英语教学评估是以促进发展为目标的，尤其是促进学生的发展。评估应以学生的综合语言运用能力发展为出发点，有益于学生认识自我、树立自信，有助于学生反思和调控自己的学习过程，从而促进学生的综合语言运用能力的不断发展。

（二）教师在教学评估中的主体性

教师在教学评估中的主体性体现在两个方面：

第一，任课教师必须掌握教学评估的技巧，把教学评估纳入正常的教学之中，增强反思性教学研究。

第二，教师应该参与教学评估指标体系的制定，每位教师都必须清楚评估的目标要求，掌握评估的基本操作技能。

教师的主体性实际上也是为了学生主体性服务的。教师必须掌握教学评估的方法和技能，帮助学生认识自己的学习现状和学习潜能，帮助学生认识到自我评估对于学习能力发展的意义，学会自我评估的方法，并在学习中积极、有效地加以运用，不断提高学习的自主性。在各类评估活动中，学生都应是积极的参与者和合作者。

三、合理性原则

教学评估既是保证课程实施的重要手段，又是教学活动的有机组成部分，在课程教学中起着非常重要的作用。在教学过程中使用的各种评估方式有利于教学活动的开展，有利于学生学习能力的提高。但是，并非任何评估都是有积极意义的。实际上，只有合理的评级才可以促进教学效果的提高。总的来说，评估方式应该简便易行，避免使用过于烦琐的程序，干扰日常教学；同时应注重评估活动的质量和使用时机，让学生感到评估是积极的、有意义的学习活动；要防止评估流于形式，或因为评估活动不当使学生产生心理负担和厌倦情绪。总之，英语教学评估是促进教学发展的手段，而不是教学目标。

四、目的性原则

英语教学评估对学生和教师都有重要的意义，因此评估应当遵循目的性原则，以便对师生切实有益。

从教师的角度来看，不同评估方式的预期目标不同，适用的范围也不同，因此教师对于各种评估方法的目的和其预期的效果应有所了解，只有这样，才能在诸多评估方式中做出正确的选择。另外，教师在选择时还应结合自己班级和课堂的具体情况，并且注意各项方法技巧的运用。

而从学生的角度来看，对于教学评估的诸多方面都应该让学生有所了解，如教学评估的重要性、各种评估方式的操作和作用等，这样才利于学生的积极配合，保证教学评估的有效进行。

五、效益性原则

效益性原则是指在单位时间内所取得的教学成果与所付出的物质代价和精神代价的比率。效益性原则是评估教学中教学活动适宜性的一个重要指标，教学活动是为了完成相应的教学目标而展开的，每一个教学环节和相应的教学活动都是为了达到这个教学目标而存在的。不同的教学环节和教学活动，其效果和效率是不一样的。因此，效益性原则是判断某些教学环节、教学活动是否恰当的一个重要标准。

为达到更好的效益，教师要时刻关注教学评估对学生学习和教师教学的反馈作用。教学评估能够反映学生的学习成就、学习中的问题或不足，促进学生自主性的发展、自信心的建立；评估还能够反映教师教学中的成功与不足，促使教师通过客观分析和认真研究评估结果，找出教学中存在的问题及产生问题的原因，及时调整教学计划和教学方法，并针对每个学生的具体情况及时提出建议，给予指导。如此，将教师和学生的评估结合起来，就可以相互配合，解决问题，提高效益。

六、反馈性原则

教学评估的反馈性原则和目的性原则是相辅相成的，遵循反馈性原则是为了能够更好地实现评估的目的。

第一，在课堂教学评估结束后，教师需要对评估中获取的信息进行分类综合，找到学生学习中共同存在的问题；然后在分析双峰现象、检查计划完成情况的基础上，制订下一步的教学或评估计划。

第二，及时把评估信息反馈给学生。通过评估反馈信息，学生可以对教师采用的这种评估方式真正意义有一个整体性的了解，同时了解自己在学习方面的不足和差距，从而促使教师和学生采取相应的措施给予改进与提高。因此，应该将评估阶段获取的信息进行分析整理之后及时反馈给学生，最起码应将部分信息反馈给学生，以避免学生对评估的不认同或反感。

第三，课堂教学评估可进行适当量化，以此作为反馈的一种手段。有学者曾建议不对课堂教学评估分等级，但也有研究发现分级形式的评估能起到更加有效的作用。但在分级评估时，需要清楚的是这样做只是为了更清晰地进行反馈，作为教师来说，不可以把它作为检验学生学习成绩的体系，而且也不能盲目采用分级量化的方式进行课堂评估，应该视具体情况来定。

七、过程性原则

过程性原则包括以下两个方面的内容：

第一，评估不只是在教学结束后发生，更是发生在教学设计和教学实践的整个过程之中。评估针对教学的整个过程，并不是针对某一阶段的，即教学评估本身直接针对的是教学活动及其过程。在这个过程中，教师要结合教学的目标来评估教学的效率。

第二，评估不只要关注结果，更要关注教学中师生的行为表现，评估也不是一次性的行为，而是连续性行为，贯穿于教学的始终。评估既要体现教师教学经验的发展过程，又要体现学生学习经验的发展过程；评估不是用某一事件评定某一结果，而是要体现个体发展的连续性。要真正发挥评估的教学作用，就要把教师和学生的个体成长与进步放在同等地位。教师要不断地对自己的教学思想、教学态度和教学行为进行分析和反思，对评估资料进行细心收集、整理与分析，学生也应该不断地对自己的学习效果、学习效率、学习方法等进行思考与改良。教师和学生都应该在整个教学过程中不断评估与相互评估，提高评估结果的客观性，促进自我教学能力的提高。

八、情感性原则

人文主义心理学强调，要促进人的全面发展，必须使认知和情感两个方面有机地结合起来。以往的教育过多关注大脑的理性和认知功能，而忽视了非理性方面的发展，导致了情感空白。根据情感过滤理论，人们在接受所输入的语言材料的过程中往往会受到其情感因素的影响和制约。如果他们有积极的情感，则情感的过滤作用就小，大量的可理解输入就会进入语言习得机制，并内化为他们的语言能力；如果他们的心理状态差，其情感因素就会对输入的语言材料进行过滤，阻碍语言材料的有效输入。因此，在英语教学评估的过程中，就要求教师要考虑到学生的情感因素，善于发现学生的优点，让学生从评估中了解自己所处的发展状态以及个人的发展潜能，并从中体验进步与成功，从而增强学习的信心和学习进步的动力，提高学习效果。

九、多元性原则

多元性原则表现在以下四个方面：

（一）评估主体的多元化

为了使评估有机地融入教学过程，学校应建立开放和宽松的评估氛围，使参与评估活动的人除了教师之外，还包括专职的评估机构、教育决策机构、学校管理教师、学生家长、学生群体和个体以及学校内外的其他相关人员，即实现教学评估包括专家评估、领导评估、教师评估、同伴评估和学生评估的评估主体的多元化。

（二）评估对象的多元化

即为了保持评估结果的信度和效度，降低评估的消极影响，应将以下内容也列入评估对象之列：

第一，学生的情感、心理、能力等。将这些因素融入教学评估中，有利于学生的情感、心理、能力的培养和发展。

第二，教学目标。将教学目标纳入评估对象之列，可以随时对教学目标进行评估，从而有利于对教学过程进行调整，促进教学效果的不断提高。

第三，课程参与者。课程参与者包括参与课程开发、编制、设计的人员，以及课程实施和课程管理的人员。

第四，教学评估者。教学评估者的知识水平、评估技能等都与评估结果有密切联系，因此将教学评估者也列入评估对象之中，可以促使其不断提高自身水平、技能，从而有利于提高评估结果的效度和信度。

（三）评估形式的多元化

提倡形成性评估与终结性评估相结合，既关注结果，又关注过程，以形成性评估为主；定性评估与定量评估相结合，以定性评估为主；他评与自评相结合，以自评为主；综合性评估和单项评估相结合，以综合性评估为主。每个学生的认知风格、学习方式及阶段性发展水平具有一定的差异。在日常教学中，教师应注意根据学生的差异采取适当的评估方式，设计出不同层次的评估目标，并允许学生自主选择适合自己的评估方式，以利于学生充分展示自身的优势，让水平不同的学生都能体验成功。

（四）评估标准的多元化

课程评估科学与否，在很大程度上决定了整个评估结果的精确与否。地区发展不平衡，如果用统一的评估标准，就容易忽略学生个性差异，不利于学生的发展。因此，各个地区可以根据当地的经济、教育发展水平制定不同的评估标准；各个地区的学校也可以根据自己的办学条件、培养目标等的不同制定符合学校特点的评估标准。

十、评估与指导相结合原则

评估与指导相结合是指按照一定的原则、标准对评估对象已完成的行为做出肯定或否定的判定，同时应把评估结果上升到一定的理论高度加以认识，并根据评估对象的主、客观条件，从现实出发，指导评估对象改进教学或学习，把握今后的发展方向，使评估对象能够发扬优点，克服缺点，争取更大的进步。

在英语教学中，评估的内容涉及面比较广。从原则上来讲，评估什么内容，就应对其中存在的问题进行分析和指导，否则评估工作就变得毫无意义。因此，既要注重评估结果对学生学习及教师教学的反拨作用，还要强调评估后的指导。只有从评估到指导，从指导到评估，循环往复地进行，才能有效地促进学生的学习，促进教与学的可持续发展。

十一、总结性评估与形成性评估相结合原则

总结性评估和形成性评估侧重点不同。英语教学评估要遵循总结性评估与形成性评估相结合的原则。

总结性评估要强调对学生综合运用语言能力的考查。总结性评估既可以检测学生综合语言运用能力的发展程度，又是反映教学效果、学校办学质量的重要指标之一。总结性评估的目标应是对学生综合语言运用能力的考查，确保对学生在经过一段学习后所具有的语言水平进行科学、全面的考查。为了全面考查学生的综合语言运用能力，测试可以采用多种形式，如口试、听力考试、笔试等。口试要注重对学生的表达与沟通能力和交际的有效性的检测。听力测试的主要目的是检测学生在具体的语境中理解和获取信息的能力。在各类考试中所占的比例不少于20%。笔试除了要有语音知识题和单纯语法知识题之外，还要适当出现一些具有语境的应用型试题，在笔试中适当增加主观题，减少客观题，增加有助于培养学生思维表达的主观题。此外，总结性评估不允许公布学生考试的成绩，也不能按考试成绩对学生进行排名。

形成性评估是教学的重要推动因素。形成性评估的任务在于评估学生日常学习过程中的表现、所取得的成绩以及所反映出的情感、态度策略等方面的发展等。形成性评估应坚持以正面鼓励、肯定性评估为主，教师要以评估结果为依据，与学生进行沟通、交流，对学生的进步予以肯定，同时鼓励学生自我反思，总结学习经验，以实现自我提高。形成性评估可以采用多种形式进行，如课堂学习活动评比、课外活动参与点评、学习效果自评、学习档案、问卷调查、访谈等。此外，形式性评估还可以采用不同的评估记录方式，如描述性评估、等级评估、评分等。

总的来说，总结性评估有利于横向比较，能对评估对象是否达到了某种标准进行比较准确的判断，但是它不利于纵向比较，即不易反映评估对象的活动过程和今后发展的潜力，难以控制。与之相反，形成性评估则便于纵向比较，有利于分析和判断发展趋势，更好地

调控、指导，但其缺点是费时费力，很难进行横向比较。因此，在进行英语教学评估时，只有把总结性评估和形成性评估结合起来，取长补短，才能使教学评估更有效。

十二、全面性与独特性相结合原则

在英语教学评估中，不仅要考虑评估标准的全面性，更要关心评估对象的独特性。

教学评估首先要注意评估标准的全面性。评估标准的全面性是指在教学评估中要对教学、学习活动中的各种因素进行全面的分析和判断。因为教学评估是一项系统工程，其效果由多种因素综合起来构成，如果单纯地强调某一因素，很容易造成系统的不平衡。因此，英语教学评估就是要依据课程目标，以培养学生综合语言运用能力为中心，尽可能全面地评估学生的学习过程。

此外，教学评估还要注意评估对象的独特性。独特性就是在评估中要关注学生的差异性，照顾学生的特殊需要。具体而言，需要注意以下两点：

第一，考虑学生的特殊需求，评估应具有多样性和选择性。在评估中，教师应允许学生依据自己的学习风格、优势选择适合自己的评估方式。

第二，根据学生年龄采取不同的评估方式。如低年级的学生适合采用形成性评估，依据学生平时参与各种教学活动的表现和合作能力，以此为基础进行总结性评估；而对高年级的学生应以形成性评估为基础，多用总结性评估，更加注重评估对学生用英语获取信息和处理信息、分析问题和解决问题的能力以及用英语思维和表达的能力。

第三节 英语教学评估的策略

一、开展英语教学评估的意义

教学评估实际上就是一个收集、综合和分析信息的过程，是了解学生各项技能的发展水平和发展潜力等信息的过程。一般来说，教学评估可以达到两个目的。

第一，为学生个人提供有益的反馈。

第二，为学生所在的学校和社区提供有用的资料。最终目的是通过评估促进学校、家长和社区的合作，帮助学生进步。

具体来说，英语教学评估的意义体现在以下几个方面：

（一）从学生和教师的角度来看

1. 从学生的角度

英语教学评估对学生的意义主要体现在以下四个方面：

第一，教学评估可以使学生的学习过程具有可视性。在这个过程中，学生能够清楚地看到自身的长处和不足，有利于更好、更快地纠正学习过程中的一些错误观念和错误假设。

第二，教学评估可以使学生意识到语言学习的过程性。学生意识到了语言学习是一个过程，就能更加主动地对自己的学习进行监控。

第三，教学评估能使学生切实感受到教师对其学习的关注，加强了师生之间的情感与交流。

第四，教学评估提供的反馈信息能帮助学生及时灵活地调整自身的学习策略。

2. 从教师的角度

英语教学评估对教师的意义主要体现在以下四个方面：

第一，教学评估对教师日常的学习和教学活动提供了必要的反馈，使教师能及时根据反馈对自己的教学计划、教学方式进行调整。

第二，通过师生间的对话有利于师生间和谐关系的建立与维持，为更有效地开展教学奠定基础。

第三，教学是一个根据信息反馈而不断发展的形成性过程，评估可以帮助教师更清楚地认识到这一点。

第四，评估的一系列环节有助于教师成为有意识的教学研究者，从而为以后教学理论的研究奠定基础。

（二）从功能的角度来看

从功能的角度看，英语教学评估的意义主要体现在以下几个方面：

1. 管理功能

所谓管理功能，是指评估作为一种价值判断，通过上级对下级、组织对个人或者被评估者的自我评估，可以更好地监督和促进被管理对象认真履行职责，完成规定的任务，达到预期的目标。所谓研究功能，是指课程与教学评估具有教育研究上的价值，有利于开展教育教学研究活动。

2. 促进发展功能

促进发展功能主要是指通过对课程与教学评估的实施，为学校的教育教学提供有效的诊断和反馈，并以此来强化和改进教育教学活动的开展，进而促进学生、教师以及学校更好地进步和发展。这种功能是当代课程与教学评估理论与实践所特别关注的。

3. 鉴定功能

鉴定功能是指通过评估对课程与教学的各个因素或各个方面的优良程度进行鉴定，一方面认定其价值的大小，另一方面衡量其是否达到了应有的标准。所谓选拔功能，是指课程与教学评估能够为选拔优秀和淘汰不合格者提供依据，从而对评估对象进行筛选。

二、教学评估中存在的问题

教学评估是根据教育目标的要求，按一定的规则对教学效果做出描述和确定，是教学各环节中必不可少的一环，它的目的是检查和促进教与学。虽然随着现代教育技术的迅速发展，英语多媒体网络辅助教学逐渐受到重视，许多学校也投入大量的人力物力，改善多媒体硬件条件，提高助学光盘、电子教案的设计。然而在这种新的教学模式下，部分学校和教师在思想观念上还没有发生改变，即仍在沿用传统教学模式中的评估方式。具体来说，目前英语教学评估普遍存在以下几种错误倾向：

（一）教学评估方式的单一化

英语教学评估并不等于英语测试。但英语教学的主要评估形式就是测试，而且是套用英语四、六级，TOEFL 和 IELTS 形式或口语能力测试等。很多教师并不知道在英语教育领域中还有许多其他行之有效的评估形式。另外，在评估活动中，被评估者与评估者之间的关系也很单一。教师运用试卷对学生进行检验，几乎成了教师与学生唯一存在的一种评估关系。教师较少想到引导学生进行自主评估，也较少想到和学生进行合作评估。

（二）用总结性评估取代过程性评估

大部分院校对学生英语学习的评估仍依赖于集中式的一次性书面考试。这是当前英语教学评估改革的重点区域。由于学生的学习需要有一个过程，所以应该有一个对应的评估方式，即过程性评估。而对学生的最后学习效果要用总结性手段进行评估，两者不能混淆。但目前的情况是，许多学校只有总结性评估，用期末考试或四、六级考试来替代整个阶段英语学习的评估过程，这显然是不科学的，无法真正测试出学生的语言水平。

（三）能力评估和知识评估的关系处理不恰当

一般认为，在传统教学模式下知识目标容易进行教学评估，能力目标较难进行教学评估。另外，在实际教学评估中重知识、轻能力的现象也普遍存在。当然也有许多教育工作者早已认识到英语评估体系存在的这些问题，但是在传统的教学模式下想开展新的教学评估方式在实际操作中会有一定的困难，将耗费大量的人力物力，这也使那些想改革的教师们望而却步。然而，随着网络多媒体辅助英语教学模式的兴起，为以学生的语言综合应用能力为出发点，将过程性评估和终结性评估相结合，建立多样化的科学评估体系创造了条件。

三、教学评估的策略

现代英语教学评估的策略有很多，下面主要从对学生的评估、对教师的评估以及对教材的评估等几个视角探讨英语教学评估的具体策略。

（一）对学生评估的策略

1. 档案评估策略

（1）档案评估策略简述

档案是组织或个人在以往的社会实践中直接形成的清晰的、确定的、具有完整记录作用的固化信息。对于学生档案，其在教学上的应用便是对学生进行评估的一个重要工具。档案评估策略可以将课程与教学同评价相结合起来，贯穿到日常的教学活动中去。学生的学习档案袋一般有两种形式：

第一，课堂记录卡。学生在学习档案中可以收录课堂学习的重要资料，以便帮助学生及时了解自身学习过的知识和学习方式。采用课堂记录卡的形式可将在课堂中发生的事情如实记录下来，客观地描述自己在课堂上的表现。

课堂记录卡一般由学生自己填写，并标明具体时间，然后收集在档案袋里。

第二，个人作品档案袋。个人作品档案袋可以收录学生在学习过程中通过各种形式的实践活动所获得的收获和成果，便于师生及时了解。其内容可以是学生撰写的优秀小论文、获奖证书、他人对自己的评价以及自我评价结果等。此外，还可以将学生录音、照片、画、与同学的合作项目等收录到个人作品档案袋中。

（2）学生档案的收集

学习档案材料的收集方式有很多。如果决定了要进行学生学习档案评估，教师就应该在新学年一开始就制订一个总的计划，如：使用学生学习档案的最终目的是什么，要收集什么材料以及由谁来收集。一旦清楚了这些问题，收集资料的活动就不用多说了。由于收集资料需要一个漫长的过程，只要坚持记录有关学生学习过程就可以了，因此教师就要培养学生的学习习惯，收集他们所有的东西，并找一个存放的地方，也就是学生学习档案。

制作学生学习档案时，收集资料并不是一件难事，选择收集哪些资料则是极为困难的事。因此，学生应该先学会如何整理挑选出合适的资料放进学生学习档案中。通常教师会以学生的口头讨论开始。学生参照教师提供的优秀作业的标准和样本进行讨论，并口头反思彼此的作业。学生进行口头讨论时，教师要将学生谈到的问题进行归纳总结。当学生掌握了口头讨论的基本模式，并且会用现成的标准去评定他们自己的作业后，再转向笔头反思。笔头反思有助于学生从评估中，了解自己的优点和不足。同时教师能知道学生对自己作业的看法，当发现一些不恰当的看法时，教师可以做及时的提示与引导。当学生有能力判断他们的作品并且收集了一定数量的作品后，他们就可以将挑选出来的作品收集到学生学习档案里。如果要学生建立一个写作档案，就需要选择如下项目：

第一，一篇重要的文章，并说明选这篇作品的原因以及完成的过程和感受。

第二，一篇满意的文章和一篇不满意的文章，并说明对两篇文章的思考。如果学生愿意还可以再加上对不满意作品的改进意见。

第三，一篇文章的写作过程。

第四，随便选一篇文章以及选它的理由。

（3）学习档案的制作

学习档案的制作包括以下几点：

第一，读书笔记的制作方法。读书笔记是学生对所读书籍、文章的随时记录，坚持记录读书笔记有助于学生养成认真思考的习惯。教学过程中，教师可以鼓励学生就所读内容发表看法。这不仅有助于学生了解文章、书籍的内容，培养良好的读书习惯，同时也有助于学生锻炼写作能力。

第二，阅读、写作档案的制作方法。每份档案都应包括要求的项目、任意选择的项目以及评论。

第三，学生学习档案总结表的制作方法。学生学习档案总结表上通常包括：学生姓名；教师姓名；日期；学校名称；要求的项目，如阅读范例、阅读策略、写作范例、学生自评等；任选项目，如所读书单、内容摘要和评论、阅读成绩等。

（4）对学生档案的评估

完成学生学习档案的制作以后，就要检查学生所选项目是否符合档案要求，并对其进行评估。评估学生学习档案时应注意以下几个方面：档案是否整洁易读；档案中的材料是否组织得好；档案中是否有具体范例；档案内容是否能够清晰、全面地反映学生一个阶段的学习成果；档案是否能够体现不同课程之间的联系。

第一，学生学习档案座谈。开展学生学习档案座谈不仅能够快速、有效地了解学生的学习情况、学习习惯，还可以有效地指导学生今后的学习。

第二，学生学习档案评估量表。学生学习档案评估量表的功能在于将学生一个时期内的成绩量化，将学生的成绩分为优秀、很好、良好、一般和需改进五个档次，并辅以日常记录和总结，使学生的学习情况更加直观。

2. 观察策略

观察策略是指通过有目的、有计划地观察学生在日常学习中的表现并加以记录，从而对学生的学习情况做出全面评估的一种方法。观察策略作为评估英语教学行为和技巧的最基本的评估工具被广泛地应用。所有语言信息收集的方法都可以被认为是在特定情况下使用特殊方法来了解学生学习的行为、态度或策略。

观察分为正式和非正式两种。所谓正式观察就是采用标准化的观察方法。非正式的观察则是对学生某一方面行为规范的观察。观察可以随时进行，但也需要按照系统的方法进行，以保证其客观性。

观察策略作为形成性评估的一种重要形式，主要适用于课堂评估。在设计课堂观察时需要注意以下一些问题：

（1）观察的目的是什么

对教师来说，教师可以通过观察了解学生学会了什么，哪些学习策略对他们有帮助，哪些教学策略对他们更有效，哪些活动和材料是学生喜欢的，等等。对学生来说，教师及时将收集到的信息反馈给学生，有利于学生更好地了解自己的学习状态。

（2）观察教学的哪些方面可以达到这样的目的

教师在教学过程中可以重点观察课堂事件、教学活动、学生间互相交流等。教师还可以观察学生日常的听、说、阅读和写作的经历。此外，教师还可以随时、随意地观察学生学习上取得的进步。

（3）观察单个学生、一组学生还是整个班级

对某一个学生进行观察，可以了解到这个学生个人的具体困难并与家长、其他教师一起帮助他进步；而对一组学生进行观察，可以了解全班的整体进度。

（4）在日常的教学活动中观察还是观察特定的某个活动

教师可以观察学生单独、一对一或分组执行任务时的表现。通过灵活设定的任务或游戏可以帮助教师评估学生的分类能力、记录能力和描述能力等。例如：将学生分为两人一组，一个学生描述一堆物品中的一个的形状，另一个学生把它找出来。比较哪个组在规定的时间内找对的最多，数量最多的队为获胜队。

（5）如何记录观察结果

恰当的记录方式对观察结果有着极大的影响。教师可以将观察到的现象和结论以日常记录、评估量表或评估表的方式进行记载。在记录中具体采用哪种方式应该根据观察的目的和对象决定。

第一，日常记录。日常记录是教师根据学生日常语言、行为或学习所做的记录。记录包括对日常重要事件以及涉及学生活动和进步的纪实和描述。记录可以在学生活动发生时或每天放学后进行，记录形式宜简易灵活。在进行日常记录时，应注意以下几点：观察记录学习过程中的当时情形，以便将来分析；记录和收集资料宜用活页纸，将学生按姓名的字母顺序排列，随时增添记录；设计特殊的资料收集形式。

第二，评估量表。评估量表记录学生达到了某一具体标准以及学生在所给时间或所给范围内达到的标准。评估量表与评估表相似，只是量表显示了从恰当到不恰当的一种持续性，以便做出判断。教师可经常将评估表量化。一般来说，主要采用三种量表：数字、图表和描述。

第三，评估表。评估表主要反映某一特定时间内学生在某一项活动或过程中的表现和进步程度，它依据所使用的一系列具体标准而制定。评估表用来记录学生是否掌握某一具体知识、技巧、过程、能力以及态度。通过评估表，教师可以了解在哪些方面的教学取得了良好的效果，学生在哪些方面需要帮助或进一步指导。

评估表的使用形式应该多样化，做到方便实用。在使用评估表时应注意以下几点：教师应根据教学大纲、教学单元和教学目的制定观察标准；观察前教师应与学生共同讨论具体标准；如有必要，教师可以要求学生参与制定部分或全部标准；教师要选择便于观察的标准，避免模棱两可的项目，增强客观度；教师要用通俗的语言描述评估标准，以便学生及家长可以理解；评估项目不宜超过八项，一次只观察几个学生；要经常对评估数据进行总结；采用或调整已有的评估表；所有评估表都应留出空间以便做日常记录和写评语。

3. 同伴评估策略

所谓同伴评估主要是指通过学生之间的沟通与合作来实现评估。因此，沟通技能和合作技能是影响评估结果的两个重要因素。由于不同学生的沟通能力、合作态度有所不同，而且同学间彼此信任、真诚的互相评估也需要一定时间的培养，因此同伴评估不是一次就能实现的。在初次使用同伴互评的时候，教师应注意采取一定的策略来帮助学生执行评估活动。

当然，同伴评估也可以通过简单的活动来落实。例如：教师可将全班学生分成若干小组，每个小组完成一个任务。在这期间，教师应鼓励组中每个成员都积极思考，共同合作完成任务。活动结束后，教师要求每位小组成员都对自己和他人的贡献做出评估。

同伴评估不能盲目进行，必须遵循一定的规则。如：学生在谈论自己的观点或发表评论时要有理有据，不能依个人主观偏好评论。教师可以让几个学生评估一个学生，每一个评估者都要根据被评估者的课堂表现写评语，评语的重点放在被评估者的优点及改进的建议上。然后，被评估者根据同学和教师的评语反思自己的表现并撰写总结，确定改进的目标。

4. 学科成绩测验策略

学科成绩测验即通常所说的语言测试或考试，是最常用的评估学生学业的方法。与其他评估方法相比，语言测试具有高效、便捷的特点，量化的考试成绩易于在学生之间进行横向比较，从而为教学提供有益的反馈信息。考试的适用面也较广，通常用于判断学生知识、技能的掌握水平及其他方面的发展状况。此外，由于考试的答案较为固定，因此评估的结果也相对较为公正。考试主要可以分为以下两种：

（1）标准化考试

所谓标准化考试，是指采用现代教育技术对学生的英语能力进行测量并符合严格规范要求的大规模考试。标准化考试通常由专门的机构或组织设计、组织和实施，具有科学性较强、质量较高、控制较严、费用较大的特点，主要适用于大规模的教学评估。标准化考试的目的是提供一种公认的客观标准，通过对学生语言运用的抽样检查确定学生的实际语言能力。其通常跨地区甚至跨国界，涉及大量的考试。非英语专业英语四、六级考试就是一种大规模标准化的考试。

（2）课堂测试

课堂测试是教学中最为常用的评估方法，可以评估学生一个教学单元、一学期或一学年教学目标的实现情况。课堂测试的主要形式是笔试，一般由教师组织、设计和实施。传统的课堂测试采用闭卷考试，新时期的课堂测试法要改变传统的考试内容和方式，将对学生知识和能力的考查有机地结合起来，将开卷考试和闭卷考试有机地结合起来。课堂测试主要应注意以下两个方面：

第一，要强调实体的真实性和情景性，便于学生形成对英语学习和使用的领悟能力、解释能力和创造能力。

第二，要强调学生解题的过程，尽量减少客观题，增加主观题和开放题的比例。不仅要重视考试结论，还要重视结论得出的过程。

需要指出的是，尽管学科成绩测验的结果比较客观、公正，但任何考试都不能完全真实地反映学生学业成就的整体面貌。因此，要用辩证的眼光来看待学科成绩测验，既不能全盘否定，也不能将其视为黄金法则，当成衡量学生学业的唯一方法。

5. 专门调查策略

（1）问卷策略

问卷策略是评估者向学生提出一系列的问题或情境，要求学生回答有关问题来获得所需信息的评估策略。问卷策略通常用于评估学生的兴趣、态度等。为确保问卷调查结果的真实性，问卷的设计、发放、回收及分析都务必科学、简洁。

（2）访谈策略

访谈策略又称座谈策略，是指评估者通过与学生进行面对面的交谈来获取所需信息的评估策略。访谈时，评估者可以提出结构性的问题和非结构性的问题。所谓结构性问题是评估者事先确定好的一批问题，无论哪位同学回答的都是同样的问题。非结构性问题则是围绕中心问题的提问，随着访问的发展状况，确定特定的问题。

（3）研讨策略

研讨策略是指将学生参与课堂活动的表现纳入学生表现评估的内容之中。研讨策略体现了课程、教学与评估的整体。研讨评估策略的根本目的在于让学生学会更有效地思考，并为自己的见解提出证据。问题研讨可采用多种方式来实施，它既可以成为学生学业的展示，又可以成为课堂评估的一部分，还可以成为结业作业的展示，无论哪种方式都需要巧妙的问题设计和一套对应的评估准则。

由于研讨策略对教师所提出的引导问题以及教师本身有着较高的要求，因此这种评估策略尚处于引进摸索阶段，目前主要适用于对学业成绩的评估，对评估学生能力发展方面有一定的积极意义。具体来说，研讨式评估的操作步骤如下：

第一，明确教学目标。

第二，选定研讨采用的文本。

第三，教师提出起始问题。

第四，选择记录研讨过程的方式或设计简明的记录表。

第五，以多种方式完成评估。

（二）对教师评估的策略

对教师的评估主要探讨对教师授课质量的评估策略。首先要根据教育目标要求制定出科学合理的评估指标体系，其次系统收集教师授课活动的有关信息，并据此分析和判断教学质量，最后为改进教学工作、提高教学质量提供依据，指明方向。

1.评估标准

评估标准的确定直接关系到评估的效果。对于教师授课质量的评估标准，国内外学者存在不同的观点。

（1）国内学者的观点

教师授课质量评估可以从教学目标、教学过程、教学效果等方面来考查，这种标准比较简单，具有通用性，可以作为评估的一般标准。

（2）国外学者的观点

教师授课的评估标准包括媒介指标和终极指标。媒介指标是评估授课过程的指标，注重教师的指导和学生的反应；终极指标是评估授课结果的指标，注重学生的进步、发展以及目标达成的情况等。本学科的知识、教育分寸、对新事物的感受、培养学生的一般技能、发展学生的思维、培养学生对学科的兴趣、学科课外活动的组织、以个别方式对待学生。

2.常用的评估策略

评估教师授课质量的具体策略有很多，最常使用的是以下三种：

（1）综合量表评估策略

综合量表评估策略十分注重教学活动的具体分解、对信息化处理和将标准进行统一，因而是一种比较精细的数量化的评估策略。它具有标准具体化、结果准确率高、评估人员主观干扰较少的特点。

（2）调查策略

事实上，调查策略不仅可以评估学生的学业，还可以同时评估教师的授课质量。问卷和访谈也是调查策略最常用的对教师的评估方法。通过调查策略可了解特定教师在一段时间内的教学情况，多用于专门鉴定教师的综合教学水平的管理性评估。

（3）分析策略

分析策略是通过对教学工作进行定性分析来评定教师授课质量的，一般没有专门的评估标准，而是依靠测评人员的学识和经验进行评估。分析策略可以分为他评和自评两种方式，其评估结果以定性描述为主。

分析策略的优点是能够突出主题或主要特征，且简便易行。缺点是主观性较强，规范性差。因此，分析策略适用于以改进教学工作为目的的日常教师授课评估，不适合规范的、管理型的教师授课质量评估。

（三）对教材评估的策略

教材是教学活动中最基本的和最重要的资源，也是教学过程的重要组成要素，因此对教材的评估很重要。评价课程材料通常需要涉及的方面有：课程原理、计划、标准、教学辅导材料、教师指南、教学计划和教案等。教材评估的标准主要包括合理性和可行性。为了落实课程教材的评估，必须实现标准的具体化。由于关于课程教材评估的标准有很多，所以在实施时，应根据对象的特点、目的、材料形式及适用领域，加以选择和重组，同时还应确立每一指标的加权方法，并兼顾数量和品质两个方面。

具体来说，常用的课程教材评估的策略包括专家判断策略、观察策略、试验策略和调查策略等。

1. 专家判断策略

是利用专家的权威性、中立性及说服力，运用其知识和专长来提供对课程材料的意见和判断。通过收集专家的分析判断意见，可采用调查法、送审法、会议法以及内容分析法等对教材进行评估。

2. 在课程评估中使用观察策略

主要是用于了解教学运作过程、实施过程，确认课程实施的困难及目标达成度，了解课程产生的非预期结果,并确认资料收集的效度。应用观察策略可采用事件记录、查核、系统观察和非结构性观察等方式和技术。实验策略是将课程方案当成实验处理加以操作,再处理产生的结果,进而对课程材料做出判断的一种方法策略。

第九章 跨文化交际与英语教学的发展

在改革开放日益推进的背景下，与其他国家之间的交流越来越频繁，因此对跨文化交际类的国际型人才的需求也越来越大。对此，英语教学的发展有了新的方向，包括采用网络多媒体教学、实施个性化教学和鼓励开展自主学习。本章就对基于跨文化交际视角下的英语教学的新发展展开探究。

第一节 网络多媒体教学

一、网络教学

（一）网络教学的定义

不同学者对网络教学有着不同的解释，这里仅列举一些比较典型的观点。

网络教学可以为学生创造良好的学习环境。对于个别化学习与个性化学习有着积极作用。不是一种新的方法，它是学生参与网络交际、理解和建构在线文字材料和多媒体文档的一系列方法。

主要从两个层面对"网络教学"进行解释，具体包括广义上的网络教学和狭义上的网络教学。广义上的网络教学是指在教学过程中运用了网络技术的教学活动。狭义上的网络教学是指将网络技术作为构成新型学习生态环境的有机因素，充分体现学生的主体地位，以探究学习作为主要学习方式的教学活动。

（二）网络教学的优势

1. 可以提供丰富的教学资源

网络教学能够为英语教学提供丰富的资源。对于语言学习而言，其不仅涉及输入部分，而且涉及输出部分。其中，输入部分包括听力和阅读，然而在网络技术环境下的语言输入主要以电子载体为特征呈现，更具有丰富性，如电视、电影和DVD等。这些电子产品的出现为学生的语料选择提供了更为广阔的空间，为学生实现自主学习提供了保障。丰富的电子资源不仅在数量上是丰富的，在质量上也实现了零时差。也就是说，在丰富的电子资源的支撑下，英语教学的内容将告别之前的单一、陈旧。

此外，在网络技术环境下，教师的教学和学生的学习不用局限在学校、班级这一范围内，可以扩大自己的视野，从而顺利地完成语言交际活动。

2.使教学手段更加灵活

网络信息技术的使用可以使英语教学变得更直观、便利、灵活和有效。在英语教学过程中经常使用的教育技术有电声技术、光学技术、语言实验室技术、影视技术、网络技术、计算机技术等。幻灯片、投影灯等可以帮助教师呈现文字、图像等信息，有利于教师讲解重难点。在英语教学中，最早且最广泛使用的技术有广播、录音等，这些技术成了听说教学与训练的基本工具。电影、电视等技术的发展不仅提升了学生英语学习的兴趣和积极性，而且为学生生动地展现了语言学习的文化背景等。

3.使英语教学更具有真实性

网络教学可以使英语教学更具有真实性。英语学习本来是一个实践性很强的学习活动，如果离开了实践活动，那么英语学习就会极为困难。

（三）网络教学的模式

1.网络集体传递模式

网络集体传递模式的构成要素是：学生群体+学习资源+学习指导者。通常有两种教学过程：一种是自学+集体指导型，学生选择自己方便的时间自主观看教师布置的学习资源，之后在同一时间教师通过网络实时教学系统为学生提供集体指导、讲解与答疑；另一种是完全虚拟的网络课堂，教师与学生群体统一登录特定的网络"班级"，教师展示并且讲解新课程学习的内容、组织练习、讨论等学习活动，解答学生的提问，为学生提供必要的指导。

2.网络协作探究模式

项目或任务是网络协作探究模式的核心要素。网络协作探究模式的基本构成要素是：

学生小组＋任务/项目＋参考资源＋学习指导者。当学生在完成某任务或项目时，教师应给予必要的引导，如帮助协作小组进行分工、提供可能的资源索引、对语言应用的错误给予矫正、协调可能出现的矛盾、督促进度、组织评估等。进行小组自主分工、制订协作计划、定期自查、完成计划、总结发言并且提交作品，是学生的任务。任务/项目的选择应该视学生的兴趣与语言程度而定，假如学生小组的语言应用水平较低，那么在设计任务/项目时就应与学生的语言能力水平相适应，不可差得太远。

3. 网络综合教学模式

上述模式的分类是为了清楚地阐释模式划分的依据与各种模式的特点，便于学生的学习和理解。然而，在具体的网络教学中，通常是根据师资、教学目标以及技术开发水平等条件综合应用不同模式。例如，在网上开设英语综合教程，某一单元的教学过程为：自主观看此单元的网络课件，完成网上的填空、选择、拖动配对等练习并且得到计算机的自动批改反馈，练习部分显示此该学生已经达到本单元客观知识技能的基本要求，之后学生进入本单元的自主探索部分，要求学生研读一份额外的主题材料，并且完成一份述评报告，在研读与写作过程中教师会通过 E-mail、学习论坛等为学生提供必要的引导与提示。不难发现，这一网络教学过程融合了网络自主接受模式与网络自主探索模式的部分教学手段，如操练和练习、案例研习等，因此将此混合的应用称为"网络综合教学模式"。

（四）网络教学的实施

1. 分析教学目标

要开展网络教学，教师应该先对教学目标进行分析，确定学习内容，从而制订出与本课、本单元有关的教学目标，明确主题组织教学。教师应该从自身情况出发，对完成教学目标的手段进行构思，并且在具体的实践中完成教学目标。

需要强调的是，教师所设定的教学目标的难度应该建立在多数学生的基础上，并且要有一定的层次，从而适应不同程度的学生。另外，教师应让学生将一些大任务做细化处理，确保学生可以分步进行。

2. 实行协作学习

因为知识具有复杂性，并且解决问题是非常艰巨的，所以个人对根据自己的经验建构的外部世界存在着不同的理解，也存在一些局限。只有通过意义进行协调和共享，才能确保个体的理解更加丰富和准确。可见，协作贯穿于整个学习过程，并且会话是协作过程中最重要的环节。学生通过在内容丰富的情境中进行合作和对话，协商自己的见解，可以共享和构建他们的新知识。

在网络环境下，实现意义构建的一个重要手段就是会话，学生通过在线交流或者实时的文字交流进行协作学习，使每一个学生都能够获取自己想要的知识，实现知识的共享。虽然理解是属于个人的，很难实现共享，但是可以通过与他人交流来不断修正自己的理解，使理解更具有客观性。

学生与网络资源的提供者之间属于一种动态的交互过程，他们既能通过对网络站点的访问实现在线学习，又能通过文献检索等方式获取所需，最终获取知识。在师生协作中，教师可以为学生提供帮助，学生可以为教师提供信息反馈。在情境中，教师不单单是组织者，还是参与者，他们既能开展如电子黑板式的同步协作学习，又能实现如 E-mail 式的异步协作学习。此外，协作学习也可以超越两个人在有组织的情况下进行。

3. 进行意义建构

意义构建是学习过程建构的最终目标。意义建构具体涉及知识或学习主题等意义，即包含事物的规律、本质等的内在关系。在构建意义的过程中，学生需要根据自身学习表现，对信息采取不同形式来形成自己的研究成果和体会，并且以视听媒体、文字材料、多媒体课件等形式传达出来，以进行总结评价。这么做的目的主要是让学生处于一个真实的情境中，产生符合自己的学习需求，并且通过彼此之间的协作，加上学生自己的亲身体验和探索，实现意义建构。简单地说，意义建构是让学生从自己的真实生活出发，逐渐学会独立认识问题、提出问题和解决问题的一种有效途径，有利于从整体上提升学生的素质。

随着科技的发展，网络技术为英语教学开辟了新天地，优化了英语教学的资源与环境，促进了学生学习的效果和效率。英语网络教学代表着先进的理念和手段，其建构的英语教学环境呈现全球化、信息化与个性化特点，为英语教学模式的应用奠定了基础。

二、多媒体教学

（一）多媒体的定义

多媒体是文字、图形、动画、视频和音频信息的结合，计算机则是将其连接起来的胶水。

也就是说，多媒体是计算机上的文本、图像、音频、视频和动画的总和，是为了知识创造和表示传统的计算机媒体——文字、图形、图像及其分析与视频、音频信息交互作用的综合体。

随着信息技术的发展，计算机已经拥有处理多媒体信息的能力，这才使"多媒体"成为一种现实。如今人们所说的"多媒体"，一方面指多媒体信息本身，另一方面指处理与应用信息的一套技术。所以，"多媒体"经常被当作"多媒体技术"的同义词。

多媒体是一种将文字、声音、图像、视频等媒体集成在一起，利用计算机将其数字化之后表现出来，使人们可以以更自然、更加"人类化"的方式使用信息的技术手段。因此，可以将多媒体技术的定义总结为：多媒体技术即可以同时抓取、处理、编辑、存储和展示两个以上的不同类型信息媒体的技术。这些信息技术有文字、图形、图像、动画、活动影像等。

（二）多媒体教学的优势

1. 信息媒体的多样性

多媒体教学的一个重要优势是信息媒体具有多样性，其具体体现在如下两个方面：

第一，信息媒体的多样性体现在信息的输入方面。当人们接收来自外界的信息时，主要依靠视觉、听觉、触觉、嗅觉和味觉五种感官。在这些信息中，有70%～80%的信息量是通过视觉获得的，约有10%的信息量是通过听觉获取的，其余10%左右的信息量是通过触觉、嗅觉和味觉综合获取的。多媒体技术包含多样的信息媒体，可以在学习的同时对学生提供多种感官的刺激，丰富语言输入的内容，加强语言输入的有效性。

第二，信息媒体的多样性体现在信息的输出方面。从信息输出的角度看，信息媒体的多样性集中在视觉和听觉上。多媒体教学中包含了对信息进行变换、加工和组合等处理功能，这就大大增强了信息的表现力。

2. 信息处理的集成性

信息处理的集成性是多媒体教学的一大优势。所谓信息处理的集成性，是指在多媒体教学中，信息通过多个通道统一组织和存储，各种信息媒体是一个统一的整体，彼此不再分离，不再单独进行加工与处理。这种对多种信息媒体进行综合处理的形式使人们对信息的集成处理变得更加便利，也让教学变得更加生动活泼。对于多媒体设备的集成，就硬件来说包括能够处理多媒体信息的高速并行的 CPU 系统、大容量内存和外存、具有多媒体信息输入输出能力的外设、具有足够带宽的通信信道和通信网络接口。其软件包括集成化的多媒体操作系统、用于多媒体信息管理的软件系统、用于多媒体信息管理的创作工具和应用软件。

3. 学习模式的多元化

多媒体教学改变了传统单一的授课模式，使学生的学习模式也更具有多元性。例如，教师可以利用多媒体技术进行远程教学，满足不同学生的个性化学习需求，根据不同学生的学习特点展开个别指导。

多媒体教学可以激发学生的学习积极性和主动性，促使其学习的成功。这是因为在多媒体环境中，计算机往往充当着教师的角色，公平、公正地对待每一位学生，学生可以在这种轻松、有趣、和谐及声、图、文、动并存的环境中充分发挥自身潜能，勇于冒险，大胆尝试，最终获得成功。

4. 学习过程的互动性

所谓互动性，是指将人的话当作一种媒介进行信息传播，不管是发出者，还是接受者，均能参与其中，并且他们都可以进行控制和编辑。多媒体技术的互动性特征有利于帮助学生发挥自身的主观能动性，增强其对信息的理解和注意。显然，多媒体教学比传统的教学模式更为实用。

在多媒体环境中，教师可以根据需要改变语言学习的顺序，随机练习重点句型，实现因材施教。同样，学生可以在多媒体技术的辅助下对所学内容进行主动检索，找到自己关心和感兴趣的内容和话题。

（三）多媒体教学的模式

1. 训练

在学习过程中，很多知识和技能都要经过一定的训练才能得到巩固和掌握。训练方面的软件是指运用计算机出题，学生通过人机交互，将自己的答案输入进去，然后由计算机判断正误。如果学生的答案错误，计算机就会给出错误的提示或直接给出正确答案。

2. 教学演示

教学演示是指通过计算机，将文字、图像、声音等功能充分地发挥出来，演示一些教学过程，解决教学中的一些重难点问题。教学演示模式具体包括大小转换、快慢转换、抽象具体转换等，可以深刻并且形象地反映事物的本质，帮助学生更好地理解相关概念与理论。

3. 题库

由于计算机有着巨大的存储空间，并且有着较强的判断功能，因此可以在计算机上建立一系列专门的课程题库。然而除了存储题目，它还可以存储一些问题的答案、知识的类型等。教师要使用题库时，可以先提出自己的要求，然后由计算机自动从题库中抽取所需，构成试卷。学生的答题也可以在计算机上进行，或者打印出来纸质书写。假如在计算机上进行，学生答题结束后，计算机可以自行阅卷，并且对学生的成绩进行记录。这种软件能大大减轻教师的工作量，也能让考试更加标准。

4. 个别辅导

个别辅导是将计算机作为家庭教师，对学生进行一对一的指导，由某一概念的引入到讲解、复习、巩固等均有计算机的陪同，通过人机互动而完成学习任务。此软件主要用于学生的自主学习和补课，更适用于学生某一偏科的情况。

5. 问题求解

问题求解就是运用计算机语言编写出解决某学科重难点的程序，通过这些程序帮助学生解决日常学习中的问题。这些程序可能是已经编制好的通用程序，也可能是学生自己编制的，但都是为了帮助学生解决问题。

6. 综合控制

综合控制就是以计算机为中心，对多种现代教育工具进行控制，如电影、录像、投影器、录音机等，从而形成综合的教学效果。这就是如今的多媒体技术。

（四）多媒体教学的实施

1. 利用多媒体创造语言情境

英语教学的目的是培养学生的英语运用能力，其需要一定量的实践才能得以实现。实际上，将学生置于真实的语言环境中练习与使用英语就是最好的实践方法，但是学生多是在汉语环境下学习英语的，缺乏真实的语言环境，这就影响了学生语言运用能力的提升。但是，教师使用多媒体技术可以设计出与教学内容相关的、图文并茂的、生动活泼的情境，让学生在真实的语言环境中学习英语，从而有效提高学生的英语运用能力。

2. 突出学生学习的主体地位

因为学生是学习的主体，所以教师在教学过程中应该注意充分发挥学生的能动性。多媒体技术的引入能更好地调动学生的学习积极性，发挥其主体作用。借助多媒体，学生能够进行虚拟课堂讨论、角色扮演、游戏等，在此过程会积极地参与学习。此外，学生能够通过浩瀚的网络资源查找适合的英语阅读材料，对听力能力进行专项训练，也能够与外国人进行交谈等。这些均能激发学生的积极性，突出学生的主体地位。

3. 因材施教，鼓励个性发展

每一个学生均有属于自己的特点，所以教师要想在教学中真正做到因材施教并不是一件容易的事。利用多媒体技术不仅可以为其个性发展提供巨大空间，而且可以使因材施教变为可能。多媒体教学可以解放学生，使学生摆脱传统教学中的束缚感，拉近师生之间的距离，便于教师对学生学习上的指导；多媒体教学改善了传统教学的枯燥感，多样化的人机互动方式使学生对学习充满乐趣。总体上说，利用多媒体技术开展教学，更容易激发学生的学习兴趣，并且学生可以根据自身的基础以及教师和计算机测试后提出的建议，选择适合自己的学习策略。

4. 帮助学生形成良好的学习行为，为终身学习奠定基础

利用多媒体技术开展英语教学，可以为学生创造更多的实践机会，加强学生之间的交互作用。基于多媒体教学的优势，教师应充分利用多媒体技术，促使学生之间的积极参与、彼此交流、相互吸收，从而有效地培养他们的协作精神与合作能力。

此外，由于现代社会已进入信息时代，人们要想跟上时代发展的步伐，就要不断学习新的技能，这就需要坚持终身学习。然而，多媒体技术为学生的终身学习提供了便利条件。在英语教学中，教师应充分利用多媒体技术，为学生营造自由、自主的空间，鼓励他们利用多媒体开展自主学习，从而形成自主学习能力和终身学习的理念。

5. 营造文化氛围

语言的使用离不开一定的社会背景。建构主义理论强调，人是知识的建构者和积极探索者，知识的建构离不开人与环境的交互。创设情境，特别是真实情境的创建是建构意义的必然前提。教师应该创设信息丰富的情境，为学生提供更加真实的语言情境和语言信息输入，让学生可以真实、自然地学习语言。多媒体技术的发展为建构主义学习理论的开展创造了良好的环境。

因为多媒体具有信息容量大、传输量大和效率高的特点，所以在教学过程中利用多媒体技术能够使信息展示更具模态化，可以在单位时间内为学生提供更大容量的学习资源。这不但有利于学生的英语文化输入，而且可以让学生置身于真实的情境中亲身体验英语文化，增强他们对英语文化的认识和理解，其有利于丰富学生的文化知识、提高学生的文化素养。

第二节　实施个性化教学

一、个性化教学的性质

（一）个性化教学即适应性教学

早期的个性化教学即调适性教学，是通过班级编制的调适来减少学生个体差异的程度。因为学校的学生数量多，学生的水平参差不齐，这就给教学带来了较大困难。调适性教学的个别化方式主要为同质分组，涉及学区内分校、校内分班和分组等。

调适性教学在实践中用得较多，直到今天，它在教学实践中仍然占有较大市场，但是同质性仍然有其无法解决的问题。在很长一段时间里，都强调同质分组，但均以失败告终，其实可以尝试异质分组。将儿童安排在一起，尽管他们存在差异。一种差异是通过年龄分组表现的，另一种差异是通过广泛的民族和种族的混合表现的。对儿童进行分析可以让他们一起学习、共同工作，让他们相互理解。

当代个性化教学强调调适的适应性，即个性化教学就是适应性教学，其要求教学安排适应个别差异的条件，创设相应的情境，建构相应的课程知识以及建立相应的评价制度等。

个性化教学的实质是使教师和学校管理者尝试开展适应学生的教学，让他们在个性、社会性和学术性等方面的成长超过传统的非个性化教学。学习过程的核心是教师适应学生。

（二）个性化教学即分化性教学

在以往的教学中，出现了一个很大的错误，即将所有儿童看成毫无差异的同一个体，并且用同一种方式教授同一学科般地对待所有儿童。分化性教学即用分化适应学生差异性的个性化教学。

学生在天赋、兴趣和学习意向等方面是存在差异的。天赋是学生与特定理解力和技能相关的起点。在天赋上处于低度发展的学生应该得到如下调整：

第一，需要教师给予一定帮助，通过弥补学习中的缺口促进学习。

第二，更多的直接教学或者实践机会。

第三，更结构化或者具体化的活动或产品，接近学生的经验，小步子，运用简单的阅读技能。

第四，更灵活的学习步调。

兴趣即学生对特定专题或者技巧的好奇心与偏爱。一名学生对数学感兴趣而喜欢分数，另外一名学生对医药感兴趣而被允许创造医药产品。

学习意向即人的学习倾向，其由智力倾向性、性别、文化、学习风格等组成。一些学生倾向于与他人进行思想交流，一些学生倾向于单独作业与写作，一些学生倾向于从部分到整体的学习，一些学生倾向于借助大幅的图画来感知、理解具体的内容，一些学生倾向于用逻辑与分析的方法学习，一些学生倾向于创造性的、应用定向的学习。

分化性教学强调的是以异质分组的形式调整班级内部的个体差异，以实现个性化教学。学生的差异性是一种合理性的存在，分班分组就必然要体现这种差异性，这就是随机分班分组。经过一段时间的教学，教师可以通过测验了解学生的成绩与水平状况，分成若干小组，由一部分学生借助各种视听工具等教学手段自主完成作业。之后，将特别好、特别差的学生分别集中起来，由教师分别给予特别指导。在这种情况下，教学并不否定同质分组，而是将同质分组和异质分组有机地结合起来。

（三）个性化教学即全纳性教学

在个性化教学中，不同学生喜欢不同类型的学习活动，如理念性学习、经验性学习、创造性学习等，理解一个故事、描述一个故事、构思作者性格特点，课堂作业没有任何标准，仅有对学生个体的尊重。因此，教师应具有如下几条信念：

第一，尊重不同学生的禀赋水平。

第二，期望所有学生的成长，支持他们的持续性成长。

第三，为全体学生提供在不同困难程度上形成基本理解与技能的机会，从而有利于学生理解力和技能的发展。

第四，为全体学生提供同样使人感兴趣的、同样重要的、同样吸引人的学习任务。

教师向学生阐明保持与理解的本质是个性化教学的本质。教师应让学生理解每一门学科的基本概念、原理和技能。教学过程是每一位学生个人成长与个体成功的过程。

二、个性化教学的优势

（一）可以提升学生的学习兴趣

个性化教学特别强调对个体的尊重，为学生的个性化发展创造了机会和条件，使学生得到更大的重视。在个性化教学中，学生容易集中注意力，进而提升学习兴趣。相较于传统的课堂教学，个性化教学注重的是师生、学生的互动，学生能够就遇到的问题提出疑问，教师会及时解答学生的疑问。

因此，在个性化教学中，学生的学习兴趣能够得到更大程度的重视。

（二）易于创建平等和谐的课堂氛围

与传统教学模式相比，个性化教学更关注学生的主体性，尊重其意见，强调师生的互动，为学生提供表达自己观点的机会。因此，在个性化教学中，教师和学生的地位是平等的，彼此之间相互尊重，共同为达成一个目标而努力，创建一种平等和谐的课堂氛围。

（三）有利于个性化人才培养

个性化教学强调，学生的个性发展、职业规划以及社会需求应该紧密结合起来，符合当前知识经济、和谐社会的较高要求。在英语教学中，教师可以通过使用个性化教学，营造对学生个性发展有利的学习环境,让学生有机会展示自身的优势,为之后的就业做一定准备。

三、个性化教学的原则

(一)尊重学生个性的发展

个性化教学的首要原则就是尊重学生个性的发展。随着英语教学改革的深入,素质教育开始受到越来越多的关注。应该说,素质教育与学生的个性发展有着密切的关系。在英语教学中,教师要意识到个性化教学对学生素质发展的影响。通常,尊重学生个性的发展应做到如下几点:

1. 素质教育的一个重要出发点就是个性

随着社会的不断发展,国家与国家之间的交往日益频繁,各国对英语人才的需求也逐渐加大。作为输送英语人才的重要通道,英语教学如何才能在当前的教育制度下培养出更多更优秀的人才,成了目前亟需解决的一个问题。

仅依靠传统英语教学是无法满足社会对英语人才需要的。个性化教学强调要从学生的个性特点出发开展教学工作,推动学生个性的发展。因此,英语教学必须尊重学生的主动精神和个性特征,将学生的智力与潜能开发出来,培养他们的个性,以满足社会对英语人才的需求,最终提升学生的素质。

2. 个性倾向性影响个体的素质发展

一个人的个性倾向往往对其素质有着较大影响,并且会成为其在社会活动过程中的内驱力。个性倾向往往是一个人个性发展中最活跃的成分,对一个人要做什么以及追求什么起着决定性的作用,所以一个人对外界的态度和认知可以体现其个体性格的倾向。

具体来说,个性倾向涉及动机、需求、态度、兴趣、理想、爱好、价值观、信仰等,这些因素会对学生个体的素质有如下影响:

第一,个体前进与发展的重要动力来自于理想与信念。不管在学习上,还是在生活中,个体的理想与信念都会推动其前进,促使其用积极的心态追求自己的理想。

第二,个体素质发展的正向刺激是动机。动机往往可以激发学生采取行动。学生在发展素质的过程中，动机会引发和强化其行动。

第三，需要往往是动机的诱因，在动机的驱使下，人类才有了更多付出的机会。在个性的形成和发展中，个体的需要和动机均有着显著差异。在个性化教学中，教师需要了解学生的动机与需求，并且要发挥自身的引导作用，使学生了解自身努力的方向和内在需求，从而促使学生提升英语素质。

第四，学生的兴趣与爱好有利于激发学生的求知欲，从而使学生产生对事物的探索欲。在这种欲望的驱使下，学生会主动寻求答案。在学习英语的过程中，求知欲强的学生往往更注重成绩，其前进和发展的动力就是理想与信念。

（二）尊重学生的主体地位

在个性化教学中，学生居于主体地位，教师应该尊重学生的主体地位。因此，教师在安排和设计教学时要注重以学生为本，与学生进行平等的对话，并且积极进行合作。

教师在教学过程中尊重学生的主体地位可以使学生感受到自己受到了尊重，从而学生会更加主动、积极地参与英语学习，最终提高英语学习的效果。具体来讲，在个性化教学中尊重学生的主体地位体现在三个方面：

第一，教师应帮助学生了解自己的主体地位，并且在教学过程中注重培养学生的自主学习能力、自我管理能力，引导学生积极、主动地参与学习活动，教授学生一些主动思考的技巧。

第二，教师安排和设计教学时，要将学生的实际情况考虑进去；教师在选择和甄别教学材料时，也要从学生的爱好出发。

第三，学生的需求要成为教师在整个教学过程应考虑的内容，教学活动应该以学生为中心，以学生的需求为依据。

（三）尊重学生的自尊心

在实施个性化教学的过程中，教师应尊重学生的自尊心。因为自尊心具有渗透性，对人类的行为模式有着直接影响。当某人不具备自信心、自尊心并且不了解自己时，就难以利用自己的情感、认知等进行学习，展开学习任务。

因为有自尊，个体就能给出赞同或者反对的态度，从而体现自己的意义、能力、价值等。

在实施个性化教学时，尊重学生的自尊对教学和学习都有巨大意义。教师要充分发挥学生的优势，并且能包容学生的缺点，热情、积极地开展教学工作，从而提升学生的英语应用能力。

四、个性化教学的策略

要想让个性化教学适应学生之间的个体差异，就要对个体差异的特点有所了解。实际上，学生在能力、个性、学习风格、学习愿望、学习步调等方面均存在个体差异，这种差异可能是永久的，也可能是暂时的。

（一）能力本位的个性化教学

教学适应个体差异的一个重要方法就是在能力上相适应，安排不同层次的课程，通常称作"能力分组""分轨"或"分流"。这种方法被广泛应用于一些国家的中等教育中。能力适应的另外一种方法是根据学生的能力水平分配不同难度的学习任务。

（二）态度本位的个性化教学

所谓态度本位的个性化教学，是指从态度或者学习风格上适应学生。通常，个体在态度上的差异主要体现在个性、专门的学习能力、认知风格等方面。要适应个体在态度上的个别差异可以采用以下两个方式：

第一，可以将学生置于一种与其态度相一致的学习环境中。例如，可以将高度焦虑的学生置于一种高度结构化的学习环境中，将低度焦虑的学生置于一种低结构化的学习环境中。同样，根据学生的认知风格，选择适合他们的知识呈现方式。

第二，为学生提供可选择的教学进程，让学生可以选择适合自己进度的教学样式。例如，同样的知识可以包括在教材或录音带中，可以有或者没有配套的视觉呈现。此方法的成功主要源于两个要素，对学生能力与学习风格的精确评价和可以满足学生能力与风格的恰当的、配套的教学。满足了这两个要素，个性化教学就可以获得成功。

（三）兴趣本位的个性化教学

从学生的愿望与兴趣出发，适应学生的个别差异，强调教学应适应学生的生活经验与兴趣等。道尔顿制强调以师生之间契约的形式发展学生完成学习任务的动机；适应学习环境模式强调学生选择的重要性，促进学习动机与对学习负责的重要因素是学生的选择。此外，越是取得成功的学生越能在之后的学习中积极主动地学习。

第三节 鼓励自主式学习

一、自主学习的定义

从本质上说，自主学习是一种言语的自我指导过程，是个体利用内部言语调节自己学习的过程；是一种操作行为，其是基于奖赏或者惩罚而做出的一种应答性反应。学生基于学习行为的预期、计划与行为现实之间的对比、评价，并且对学习进行调节与控制的过程。元认知监控的学习，是学生根据自身的学习能力、学习任务的要求，积极主动地调整学习策略与努力程度的过程。

当学生在认知、动机与行为三个方面均为积极的参与者时，其学习就属于自主性的，现代学习理论家主张从七个层面界定自主学习，包括学习动机、内容、方法、时间、结果、环境和社会性。

可见，从不同的角度出发，自主学习的本质有很大不同。主要从两个层面对其进行界定，即广义层面和狭义层面。广义上的自主学习是指人们通过运用多种手段与途径开展有目的、有选择的学习活动，进而实现自主发展的社会实践活动。狭义上的自主学习是指学生在教师的指导下，自觉能动地、创造性地学习，实现自主发展的教育实践活动。狭义的自主学习即学校教育范围内的自主学习，学生为学习活动的主体，教师的指导、师生有效的交流互动是前提与条件。学生自觉、独立、主动地参与学习，从而实现学生的自主发展是教学活动的目的。

自主学习是学生自己主宰自己的学习，通过学习培养其自主意识，促进其积极主动学习，实现自我完善和发展。因此，自主学习不应停留在技能的掌握及知识的学习上，要注重对学生自身内在的了解和改进，如学生的自我认识、内部动机的激发以及元认知的发展。教师既要引导学生在知识、技能上的自我提升，培养学生自主学习的态度、习惯与能力，又要指导学生自行去实践、去发现;既要立足于学生当前的学习,又应着眼于学生的终身学习,让学生在积极、主动的学习过程中,实现自我认识、自我教育、自我管理以及自我完善。

二、自主学习的必要性

(一)信息化社会的发展需要自主学习

为了适应科技飞速发展的趋势,适应职业转换与知识更新频率加快的要求,人们逐渐意识到仅凭借在学校学到的知识和技能已经难以适应飞速变化的环境,难以满足不断变化的社会对职业的要求。未来社会是一个继续学习的社会,每个人都要学会终身学习。终身学习能力将会成为一个人必备的基本素质,终身教育的实现就必须以个体的终身学习为保证。在未来的发展中,学生是否具有竞争力、是否具有巨大的潜力、是否具备在信息时代轻松驾驭知识的本领,从根本上说均取决于学生是否具备终身学习的能力,让学生在学校期间学会学习成了诸多国家重视的一个问题。而终身学习通常不在学校进行,也没有教师的陪伴,完全靠一个人的自主学习。

(二)现代英语教育的目标需要自主学习

提高学生的交际能力和全面素质,是现代教育倾向的一个目标。英语教学的目标是培养学生的英语综合应用能力,尤其是听说能力;同时增强其自主学习能力,提高综合文化素养,以适应社会发展与国际交流的需要。并且强调要充分利用现代信息技术,采用基于计算机和课堂的英语教学模式,改进以教师讲授为主的单一的教学模式,以达到英语课堂改革的目标之一,即促进学生个性化学习方法的形成与学生自主学习能力的发展。

传统的学习方式过于注重接受与解释,忽视了发现与探索,从而在实践过程中造成对学生认识过程的极端处理,让学生学习书本知识变为仅是直接接受书本知识,学生学习成了被动接受、记忆的过程。这种方式会限制学生的思维和智慧,并且会打消学生自主学习的兴趣与热情。这种学习方式会逐渐销蚀人的主动性、能动性和独立性。

(三)学生个体的发展需要自主学习

第一,自主学习可以促进学生个体的发展。促进学生的自我发展是自主学习的最终目标。发展学生主体性是自主学习的宗旨。传统的教育观念认为，知识是一个积累的过程，而主体性教育就特别注重在知识、能力的发展过程中，学生是如何主动、积极地习得各种知识和能力的。自主学习的最终目标是学生主体性的发展，当人们处理自己与自然、社会的关系时，人们对环境的积极改造是首位的，在改造环境与变革社会的过程中实现人的发展和社会历史的进步。在学习中，学生的主体地位是在学生从事主动学习的实践活动中实现的，学生是学习的主体，不但要学习科学文化知识，而且要了解自己的学习特征，根据自己的能力选择认知策略。

第二，自主学习可以促进学生主动性的发展。主动性的发展主要体现在五个方面：适应性、选择性、竞争性、合作性和参与性。自主学习对这五个方面均有促进和提高作用。人类改造社会的实践均是在有目的、有计划、有理性的指导下展开的，这也是人类生存和发展的基础。与此同时，自主学习还培养学生的主动意识、主动精神，是培养学生创新精神的重要基础。

第三，自主学习可以促进学生自觉性的发展。自觉性具体涉及学生要有浓厚的学习兴趣，能掌握学习的方法，能坚持学习，做到自动和自控。在自主学习过程中，学生是在自己的兴趣中积极、主动地学习的，并且在学习中掌握多种学习技能与方法。学生除了要正确、客观地对自己进行评价，还应适时激励和调节自己的行为，拥有健康的心理品质。

三、自主学习的要素

现代心理学指出，学生要做到自主学习，应该满足三个条件：心理要达到一定的发展水平，要有内在的学习动机，应具备一定的学习策略。具体总结为如下三点：

（一）能学

自主学习要以一定的心理发展水平为基础。在一定程度上，自我意识的发展会推动自主学习能力的形成和提升。通常，一、二年级的小学生因为没有形成自我意识，所以缺乏一定的自我监控能力。因为这一年龄段的学生掌握的学习技能较少，所以不适合将主要的教育目标放在培养学生的自主学习能力上。小学三年级之后，学生的自我意识有了一定发展。这一年龄段的学生能对自己的学习过程进行初步的监控,掌握了一定的学习技能,并且可以对学习结果进行简单的自我评价,所以能就学习的某一方面进行自主性教育。进入初高中之后,学生的自我意识会得到显著发展,学习更具有目的性和独立性,对学习的监控和自我评价能力得到进一步提升。他们已经掌握了一定数量的学习策略,在课堂教学之外,可以较为自觉地安排自己的学习活动;加之这一阶段的学生的可塑性更强,通常认为这是全方位促进他们自主学习的最佳时期。此时,他们的自主学习能力已经有了相当程度的发展,他们已经具备了独立地确定学习目标、制订学习计划、选择学习内容、运用学习方法、监控学习过程、评价学习结果的能力。然而,有研究表明的自主学习能力的总体发展水平还不是很高,不同学生的自主学习能力发展存在不平衡的现象,部分学生做笔记、拟定大纲、驾驭教材的能力较差。可见,阶段开展自主学习能力培养有着重大意义。

(二)想学

即自主学习应具备内在的学习动机。现代心理学指出,与自主学习相关的内在学习动机的成分具体涉及自我效能感、目标意识、价值意识、内归因倾向和兴趣等。自我效能感是学生对自己是否有能力从事某种学习的判断,是学生自信心在某项学习任务的具体化。作为一种动机因素,自我效能感对自主学习的影响体现在高自我效能感的学生在学习任务的选择、学习策略的运用、学习自我监控、学习的坚持性等方面均优于低自我效能感的学生。学生对学习目标及意义的认识就是目标意识。目标意识对自主学习的影响体现在自主学习的学生更倾向于设置具体的、近期的、可以完成的学习目标,而帮助低动机的学生学会设置这样的目标有利于促进他们的自主学习动机。价值意识即学生将学习与自己的需要联系起来,认为学习"有用",如将学习与自己的前途联系起来,将学习与满足自己的求知欲联系起来等。促进自主学习的一个重要动力就是对学习的高价值意识。内归因倾向是将学习的好坏归因于自己的素质,如自己的努力、能力、学习方法等。通常,内归因倾向的学生更倾向自主学习。作为一种动机成分,兴趣对自主学习有着较大影响,学生对某一门课程越有兴趣,其学习就会越主动和自觉。

(三)会学

指自主学习要以一定的学习策略为保障。学习策略主要有两类:一般性的学习策略和具体的学习策略。前者适合于任何学科的学习，如设置学习目标、做出学习计划、管理学习时间、理解学习内容、评价学习结果和调控学习时间等；后者适用于具体的学习内容，如做笔记、复述、背诵、划重点、列提纲、做小结、画示意图等。自主学习既要有一般性的学习策略，又要有具体的学习策略。国外心理学家经过长期的研究总结出14种有效的自主学习策略，包括自我评价，组织和转换信息，设置目标和做出计划，寻求信息，记录和监控，组织环境，根据学习结果进行自我奖惩，复述和记忆，寻求教师、同伴和其他成人的帮助，复习笔记、课本、测验题等。研究证明，学会自主学习的学生对这些策略的运用显然要多于学习自主性差的学生，这些策略的运用情况也能在一定程度上解释学生之间的学习水平的差异。

四、自主学习的理论依据

（一）人本主义教育理论

人本主义主要探讨的是培养完整的人，其强调要以学生的发展为本，突出学生的主体地位。人本主义教育理念是尊重学生的情感和需要，强调具有真实个人意义的学习。具体而言，有个人意义的学习有四个要素。

第一，学习是个人参与性的，是学生个人全身心的投入，涉及情感与认知两个方面。

第二，学习是自我发起性的，学生自己发现、获得、掌握和领会知识。

第三，学习是渗透性的，学习会改变学生的行为与态度，甚至个性。

第四，学习是自我评价性的，学生最清楚学习是否满足了他们的需求，是否回答了他们的疑问，是否解答了他们原来不清楚的地方。可见，人本主义特别强调学生的积极性与主动性，从而促使学生不断探索和主动发展。

（二）建构主义教育理论

建构主义属于一种认识论。这一理论具有多个分支，但最具影响力的要属认知建构主义与社会建构主义。此处讨论的是认知建构主义。建构主义的一个重要原理是：学习是学生主动的知识建构，是通过新知识学习与原有的知识经验相互作用而实现的，而非简单的从外到内的信息输入。具体来说，学习是学生在原有知识或者经验的基础之上构建知识与加强对新知识的理解的。学生的背景各不相同，他们会从不同的背景、角度出发，在教师与他人的帮助下，通过自己独特的知识背景与信息加工活动建构新信息的意义。可见，建构主义强调的是学生的主动建构，这种建构既包含学生对新信息意义的建构，又包括对自己原有经验的改造与重组。学生获得知识的多少取决于学生根据原有经验、心理结构与信念建构有关知识的能力，而不是取决于学生记忆与背诵教师讲授内容的能力。在建构主义教学模式下，学生通过教师或者他人的帮助，利用情境、协作、会话等学习环境要素充分发挥学生的主动性、积极性和首创精神，最终达到对所学知识的意义建构。

（三）认知学习理论

认知学习理论强调要加强对学生认知加工过程与学生头脑中认知结构的研究。此理论认为，学生的学习过程是一个积极参与的过程，他们可以有选择地吸收信息，做出假设、比较与说明，重新构建信息的含义，并且将新信息融于已知的知识中，大胆使用语言进行交际。学生头脑中认知结构的变化是根本。通过学生的主动发现，促进其认知结构的改变。外语学习的过程就是新、旧语言知识不断结合的过程，而此种结合与转化最终取决于学生的主观能动性与参与性。

五、指导学生开展自主学习的方法

（一）为学生创设情境，营造良好的课堂气氛

在教学过程中，教师应尽可能为学生创造自主合作的学习情境，让学生在合作的环境下，培养独立思考和自主学习的能力，充分激发学生的学习兴趣，使学生成为学习的主人，营造浓厚的课堂氛围。

（二）提升学生的参与意识，学会自主质疑

学起于思，思源于疑。教学的根本目的是引导学生主动思考，而思考的起点就是疑问。"疑"可以让学生在认知上感到困惑，出现认知冲突，形成探究性反射，从而产生思维活动。

（三）为学生留有充足的时间，创造自主思索的空间

教师要将学习的主动权留给学生，尽量用启发、引导的方式激发学生的学习欲望，提

高学生的自主学习兴趣。在实践过程中，教师要给学生足够的时间去操作、思考和交流，将教师的教学活动转化成学生的主动求知，从而培育学生的自主学习意识。

（四）让学生体会到成功带来的快乐，师生共同分享成果

在自主学习过程中，学生应该通过自己的努力体验获得的知识，教师要给予评价，多鼓励，少批评，共同分享学生的成功。这样不但能加深学生对知识了解掌握的印象，而且能激发学生学习的积极性，真正使学生愿学、善学和乐学。

参考文献

[1] 刘爱真,李加军,李超.跨文化交际百科[M].上海:上海辞书出版社,2021.

[2] 陈夯.基于跨文化交际的英语教学研究[M].长春:吉林出版集团股份有限公司,2021.

[3] 邢青.英语跨文化交际阅读教程[M].成都:电子科技出版社,2021.

[4] 李晓红.跨文化交际[M].杭州:浙江出版社,2020.

[5] 房玉靖,姚颖.跨文化交际实训[M].北京:对外经济贸易出版社,2020.

[6] 张云鹤,黎海情.跨文化交际研究[M].成都:电子科技出版社,2020.

[7] 阮国艳.跨文化交际英语教学与研究[M].北京:中国纺织出版社,2020.

[8] 刘戈.当代跨文化交际发展研究[M].长春:吉林出版社,2020.

[9] 任晓霏.跨文化交际与国际中文教育[M].南京:东南出版社,2020.

[10] 史艳云.英语中的跨文化交际[M].长春:吉林人民出版社,2020.

[11] 毕克寒,李曼宁,杜召君,等.跨文化交际学与信息技术影响下的交际模式[M].沈阳:东北出版社,2020.

[12] 舒猜娟,王丽,武建萍.跨文化交际时代英语教学的发展倾向[M].长春:吉林出版集团股份有限公司,2020.

[13] 吴菲.英汉对比视角下的跨文化交际研究[M].长春:吉林出版社,2020.

[14] 许丽云,刘枫,尚利明.英语教学的跨文化交际视角研究与创新发展[M].北京:中国商务出版社,2020.

[15] 张鑫,张波,胡小燕.跨文化交际视阈下英语教学理论构建与创新路径[M].长春:

吉林出版社,2020.

[16] 张雪莉. 文化自信视角下英语教学中跨文化交际能力培养路径探索[M]. 北京：九州出版社,2020.

[17] 赵卿,黄大勇. 跨文化交际[M]. 北京：中国民航出版社,2020.

[18] 顾曰国. 跨文化交际[M]. 北京：外语教学与研究出版社,2020.

[19] 孙六荣,王恒草. 跨文化交际研究[M]. 成都：成都时代出版社,2020.

[20] 朱秀芝. 跨文化交际教程[M]. 哈尔滨：东北林业出版社,2020.

[21] 蒲莹晖. 跨文化交际与英语教学[M]. 长春：北方妇女儿童出版社,2020.

[22] 李解人. 跨文化交际与英语教学[M]. 北京：九州出版社,2020.